3차 개정판

어린이

훈민정음

띄어쓰기

원고지 사용법

맞춤법   발음

어휘력은 모든 학습의 뿌리

기초 문법

4-1

책을 펴내며

언어는 의사소통은 물론이고, 자신의 생각을 표현하는 데 꼭 필요한 수단입니다. 이런 언어의 기본 단위가 바로 어휘입니다. 따라서 어휘력의 양적, 질적 향상은 매우 중요하다고 하겠습니다. 특히 학습 과정에 있는 학생들에게 있어 어휘력은 학습의 성패를 좌우할 만큼 중요한 요소입니다. 모든 교과 학습은 물론, 그 결과를 묻는 시험이 언어를 통해 이루어지기 때문입니다. 그러므로 어휘력은 단순히 국어 공부의 한 부분이 아니라, 모든 학습의 기본이자 필수 항목인 것입니다.

국어에는 총 50만 개가 넘는 어휘가 있고, 사회가 발전함에 따라 어휘는 생성과 소멸을 반복하며 변화하고 있습니다. 원만한 사회생활을 위해서 기본적으로 알아야 하는 어휘 수는 대략 5만 개 정도로 봅니다. 그런데 이 가운데 초등학교 과정에서 배우는 어휘가 약 2만 5천 개 정도나 됩니다. 결국 우리는 생활에 필요한 어휘의 반을 초등학교 과정에서 배우게 됩니다. 그만큼 초등학교 때 어휘 공부는 대단히 중요합니다.

그렇다면 초등학생들의 어휘력 향상을 위한 가장 좋은 학습 방법은 무엇일까요?

바로 교과서와 연계하여 관련 어휘를 학습하는 것입니다. 교과서에서 눈에 익은 어휘는 그만큼 어린이들이 쉽게 받아들이고 배우기에 수월합니다. 그리고 교과서 어휘를 완벽하게 익힘으로써 학습 효과를 높이는 것은 물론이고, 공부에 자신감이 생기게 됩니다. 이 책의 편집 원칙 가운데 첫째로 삼은 것이 바로 이 점입니다.

본 교재는 출간 당시부터 지금까지 여러 선생님과 학부모님들로부터 좋은 평가를 받아 왔던 '어린이 훈민정음'의 3차 개정판입니다. 2018년부터 적용되는 새 교과서 내용에 따라 이번에 전면 개정을 하였습니다. 학년별로 꼭 필요한 어휘를 선정하고, 어린이들이 쉽고 재미있게 학습하도록 문제 형식을 다양하게 구성하였습니다.

아무쪼록 본 교재를 통해 어린이들이 어휘 학습에 흥미를 느끼고, 자신감을 얻어 교과 학습은 물론이고 바른 국어 생활을 하는 데 이 책이 길잡이가 되기를 바랍니다.

감사합니다.

도서출판 시서례

3차 개정판 어린이 훈민정음

목차

제 1 과 생각과 느낌을 나누어요

1 무엇일까요?

 다음 그림과 설명을 보고 알맞은 낱말을 찾아 쓰세요.

(1)

물건을 넣어 보관하는 곳. 🔵 창고.

(2)

쌀 같은 곡식을 담아 두는 가구.

(3)

우물 주변에 둑을 쌓아 놓은 곳.

(4)
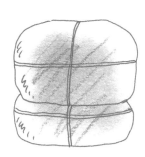

쌀을 담기 위해 짚으로 짜서 만든 것.

보기   뒤주   곳간   쌀가마니   우물둔덕

2 사회

인간이 사회에서 살아가며 사용하는 말입니다. 괄호 안에 들어갈 낱말을 빈칸에 쓰세요.

(1) 회장을 뽑으려고 (　　　)를 했다.

* 선거를 할 때에 의견을 표시하여 내는 일.

ㅌ	ㅍ

(2) 범죄자도 (　　　)은 지켜 주어야 한다.

* 인간으로서 당연히 가지는 기본적 권리.

이	ㄱㅝ

(3) (　　　)를 얻기 위해 수많은 노력을 했다.

* 무엇에 얽매이지 않고 자기 마음대로 할 수 있는 상태.

ㅈ	ㅇ

(4) 국가는 모든 국민이 (　　　)하도록 책임져야 한다.

* 권리나 의무 등에 차별이 없는 상태.

ㅍㅕ	ㄷ

(5) 국가는 사회적 (　　　)를 보호해야 한다.

* 노인, 아이, 가난한 사람, 장애인처럼 사회에서 피해를 받기 쉬운, 약한 사람.

야	ㅈ

(6) 더 나은 사회를 만들고 싶어서 투표에 (　　　)하였다.

* 어떤 일이 벌어진 상황에 들어가 함께하는 것.

차	ㅇ

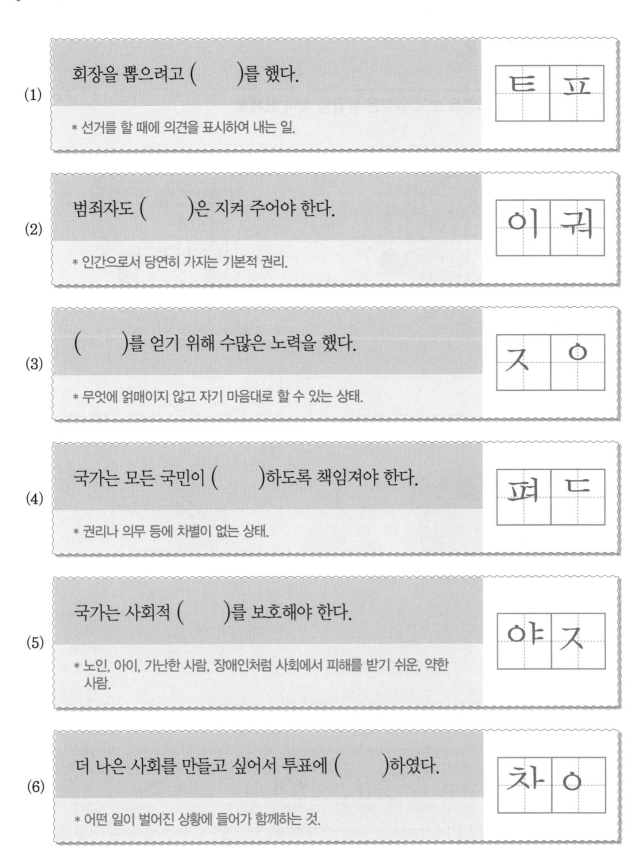

3 할아버지, 할머니

 할아버지, 할머니와 관계있는 낱말입니다. 빈칸에 알맞은 낱말을 쓰세요.

(1) '나이'의 높임말.

(2) 인공적으로 만들어 잇몸에 끼웠다 뺐다 하는 이.

(3) 노인들이 모여서 즐길 수 있도록 만든 집.

(4) 뇌의 세포가 상하여 지능이나 기억 등이 없어지는 병.

(5) 잘 못 듣는 사람을 위해, 소리가 잘 들리도록 만든 기구.

(6) 정해진 나이가 되어 일하던 곳에서 물러나는 것.

4 무슨 낱말일까요?

설명을 읽고, 빈칸에 알맞은 낱말을 넣어 문장을 완성하세요.

(1) 우리 집 | 가 | 훈 |은 '잘 먹고 잘 살자'다.

  * 한 집안의 조상이나 어른이 자손들에게 일러 주는 가르침.

(2) 이 | 그 | 바 |에는 놀이터가 없다.

  * 가까운 곳. 비 근처

(3) 대감은 | 허 | 가 |에 그 물건을 샀다.

  * 그 물건의 원래 가격보다 훨씬 싼 값.

(4) 대감은 | ㅅ | 라 | 채 |에서 손님을 맞이했다.

  * 집의 남자 주인이 생활하며, 손님을 맞는 방이 있는 건물.

(5) 어머니는 | 아 | 채 |에 계신다.

  * 한 집 안에 건물이 둘 이상 있을 때, 안에 있는 건물.

(6) 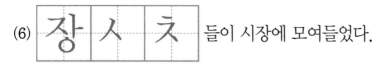 들이 시장에 모여들었다.

     * 장사하는 사람을 낮게 이르는 말.

(7) 친구의 말이 사실인지  인지 모르겠다.

     * 거짓말을 속되게 이르는 말.

(8) 영규가 구슬을  에 빠뜨렸다.

     * 좁고 작은 개울.

(9) 할아버지는 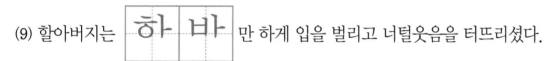 만 하게 입을 벌리고 너털웃음을 터뜨리셨다.

     * '함지박(통나무로 바가지처럼 만든 큰 그릇)'이라는 뜻으로, 벌린 입이 매우 큰 상태를 이르는 말.
     * 너털웃음: 크게 소리를 내어 시원하고 당당하게 웃는 웃음.

(10) 경찰이 수상한 사람을 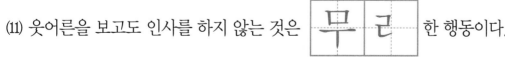 하고 있다.

     * 다른 사람을 감시하거나 증거를 잡기 위해 그 사람을 몰래 따라가는 일.

(11) 웃어른을 보고도 인사를 하지 않는 것은 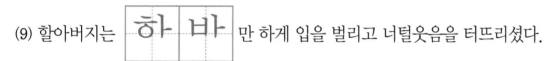 한 행동이다.

     * 예의가 없는 것.

5 단위를 나타내는 말

빈칸에 단위를 나타내는 말을 알맞게 찾아 쓰세요.

(1) 내 키가 일 년 사이에 한 ☐ 이나 컸다.

(2) 흥부는 너무 가난해서 밥을 하루에 한 ☐ 도 제대로 먹지 못했다.

(3) 그 부자는 집을 열 ☐ 나 가지고 있다.

(4) 책이 불타서 한 ☐ 의 재로 변해 버렸다.

(5) 쌀을 삼백 ☐ 이나 부처님께 바쳐야 아버지께서 눈을 뜨신다.

(6) 나를 버리고 가시는 임은 십 ☐ 도 못 가서 발병 난다.

보기   리   끼   뼘   줌   석   채

6 흉내 내는 말

빈칸에 흉내 내는 말을 알맞게 찾아 쓰세요.

(1) 먹구름 사이로 해가 고개를 [　　　　　] 내밀었다.

 * 작은 구멍이나 틈으로 조금만 보이는 모양.

(2) 동생이 [　　　　　] 낮잠을 자고 있다.

 * 어린아이가 깊이 잠들어 조용하게 숨 쉬는 소리.

(3) 연을 날리다 보니 민재 줄과 내 줄이 [　　　　　] 엉켜 버렸다.

 * 실이나 줄 등이 감기거나 엉킨 모양.

(4) 해가 [　　　　　] 지는데도 준이는 집에 돌아오지 않았다.

 * 해가 곧 지려고 산이나 땅 너머로 조금씩 넘어가는 모양.

(5) 할아버지는 내 얼굴을 보시더니 [　　　　　] 웃으셨다.

 * 입을 약간 벌리고 소리 없이 부드럽게 웃는 모양.

보기 　 뉘엿뉘엿 　 새근새근 　 빙그레 　 빠끔 　 칭칭

7 무슨 뜻일까요?

밑줄 친 낱말의 알맞은 뜻을 찾아 번호를 쓰세요.

(1) 이 풀은 햇빛을 보지 못하면 <u>쇠약해진다</u>.　　　　　(　)

　　① 힘이 점점 줄어들어 약해진다.

　　② 잎이 누렇게 변한다.

(2) 놀부는 하인을 40명이나 <u>부렸다</u>.　　　　　(　)

　　① 내쫓았다.

　　② 가까이 두고 일을 시켰다.

(3) 손님에게만 맛있는 것을 주시는 아버지가 <u>야속했다</u>.　　　　　(　)

　　① 자랑스러웠다.

　　② 기분이 나쁘고 섭섭했다.

(4) 작년에는 흉년이 들어 굶어 죽는 사람이 <u>허다했다</u>.　　　　　(　)

　　① 매우 많았다.

　　② 조금 있었다.

(5) 선생님은 내 질문에 <u>선선하게</u> 대답해 주셨다.　　　　　(　)

　　① 머뭇거리거나 망설이지 않고 시원하게.

　　② 꼼꼼하고 차분하게.

(6) 놀부는 자기 집에 찾아온 흥부를 을러메었다. ( )

　① 무서운 말이나 행동으로 억눌렀다.

　② 따뜻이 어루만져 달래었다.

(7) 이것은 오지 화분이라서 웬만해서는 깨지지 않는다. ( )

　① 다섯 겹으로 만든 그릇.

　② 붉은 진흙으로 만들어서 굽고, 유약을 바른 뒤 다시 구워 단단한 그릇.

(8) 난로를 피웠더니 방 안이 뭉근해졌다. ( )

　① 너무 더워졌다.

　② 적당히 따뜻해졌다.

(9) 우리 할아버지는 귀가 어두워서 병원에 가셨다. ( )

　① 소리가 잘 들리지 않아서.

　② 다쳐서.

(10) 누나는 요즘 걸핏하면 나에게 화를 낸다. ( )

　① 아무 이유 없이.

　② 조금이라도 무슨 일이 있기만 하면 바로.

(11) 할아버지, 긴히 드릴 말씀이 있어요. ( )

　① 다른 사람들이 모르게.

　② 매우 급하고 중요하게.

8 같은 모양, 다른 뜻

다음 문장을 보고, 괄호 안에 공통으로 들어갈 낱말을 빈칸에 쓰세요.

(1)

① 물 잔을 떨어뜨려서 (   )가 빠졌다.

＊그릇의 바깥 부분이나 톱니바퀴의 뾰족 내민 부분.

② 양치질을 잘 하지 않아서 (   )가 썩었다.

＊동물 입 안에서 무엇을 물거나 음식을 씹는 역할을 하는 것.

(2)

① 옆집에 안 보이게 하려고 창문에 (   )을 쳤다.

＊대나무나 갈대를 줄에 엮어 늘어뜨린 가리개.

② 오래 걸었더니 (   )이 아프다.

＊사람이나 동물의 다리 맨 끝부분.

(3)

① 민정이는 (   )이 나서 희진이를 쳐다보지도 않았다.

＊기분이 상하거나 화가 나는 감정.

② 어느새 아기 사슴 머리에 (   )이 났다.

＊소나 사슴 같은 동물의 머리에 단단하고 뾰족하게 솟은 부분.

(4)

부	수

① 흥부는 (   )에 맞지 않게 아이를 많이 낳았다.

＊자기 처지에 알맞은 자격.

② '사과 두 개 중 하나'를 (   )로 나타내면 $\frac{1}{2}$이다.

＊위의 수를 아래의 수로 나누는 것을 나타낸 것.

9 바르게 쓰기

밑줄 친 낱말을 바르게 고쳐 쓰세요.

(1) 책을 대충 훑터보니 내가 좋아하는 내용이었다.

   * 처음부터 끝까지 쭉 보니.

(2) 준이는 얌전히 꿀어앉아 종이에 가훈을 썼다.

   * 무릎을 구부려 바닥에 대고 앉아.

(3) 상을 받은 현주는 나를 보며 으시대었다.

   * 만족한 표정으로 뽐내었다.

(4) 내일이 소풍날이라고 생각하니 갑자기 가슴이 설레였다.

   * 마음이 가라앉지 않고 들떠서 두근거렸다.

(5) 조금만 기다려. 금방 갈께.

(6) 아, 늦었네. 조금만 일찍 일어날껄.

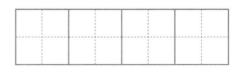

제2과 내용을 간추려요

1 무엇일까요?

다음 그림과 설명을 보고 알맞은 낱말을 찾아 쓰세요.

(1)

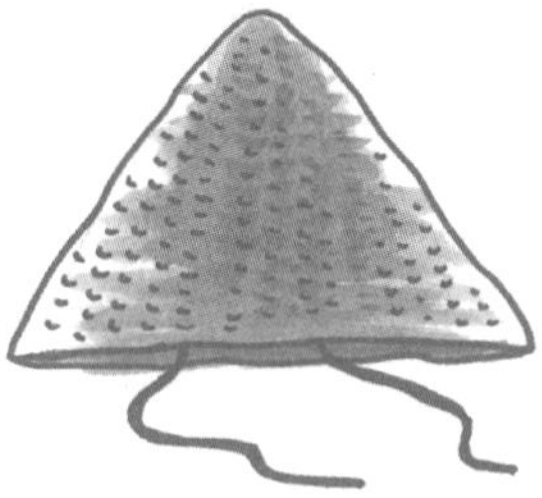

비나 햇볕을 막기 위해, 얇은 대나무 막대나 갈대로 엮은 모자.

(2)

예전에, 어른이 된 남자가 머리에 쓰던 모자.

(3)

짚이나 띠 등으로 엮어 허리나 어깨에 걸쳐 두르는 비옷.

(4)

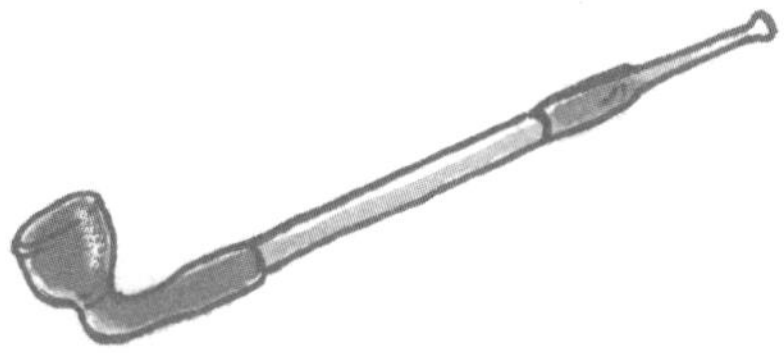

담배를 피우는 데에 쓰는 기구.

보기   갓   삿갓   담뱃대   도롱이

2 동물의 소리

동물이 소리를 내는 방법입니다. 괄호 안에 들어갈 낱말을 빈칸에 쓰세요.

(1) 개는 사람처럼 (   )를 울려 소리를 낸다.

* 목에 있는 기관으로, 소리를 낼 때에 이용한다.

서	ㄷ

(2) 동물은 상대를 (   )하려고 소리를 낸다.

* 무서운 소리나 행동으로 상대를 겁먹게 하는 것.

위	혀

(3) 물고기는 (   )를 이용하여 소리를 낸다.

* 물고기 배 속에 있어, 물고기를 물에 뜨거나 가라앉게 조절하는 공기주머니.

ㅂ	레

(4) 물고기는 사람이 들을 수 없는 (   )로 소리를 낸다.

* 높고 낮은 정도.

노	ㄴ	ㅇ

(5) 매미는 배의 V자 모양 (   )으로 소리를 낸다.

* 매미 같은 곤충이 소리를 낼 때 사용하는 근육.

발	으	ㄱ

(6) 수컷 매미는 (   )을 진동시켜 소리를 낸다.

* 진동하여 소리를 내는 막.

발	으	마

3 무슨 낱말일까요?

설명을 읽고, 빈칸에 알맞은 낱말을 넣어 문장을 완성하세요.

(1) 심장이 | 수 | 추 | 할 때 혈관으로 피가 뿜어져 나온다.

  * 근육이 오그라드는 것.

(2) | 일 | ㄱ | ㅊ | 가 큰 날에는 감기에 걸리기 쉽다.

  * 기온, 습도, 기압 등이 하루 동안에 변화하는 차이.

(3) 우리나라는 많은 | ㅈ | 원 | 을 외국에서 수입하고 있다.

  * 사람이 생활하거나 물건을 만들 때에 이용하는 재료.

(4) 갑자기 내리는 비에 대비하려고 | ㅇ | ㅂ | 를 준비해 놓았다.

  * 내리는 비를 맞지 않으려고 사용하는 물건을 통틀어 이르는 말. 우산, 비옷 등이 있다.

(5) 마술사 아저씨께서 멋진 | 마 | ㅌ | 를 입고 계셨다.

  * 소매가 없이 어깨 위로 걸쳐 입도록 만든 옷.

(6) │ 대 │ ㅇ │ ㄹ │ 나 갈대를 엮어 삿갓을 만든다.

  * 대나무를 가늘고 길게 쪼갠 조각.

(7) 소년은 신발 만드는 법을 배우려고 │ 가 │ ㅂ │ 치 │ 네 집에 갔다.

  * 옛날에, 가죽으로 신발을 만들던 사람.

(8) 얼굴에 걱정이 가득한 걸 보니 복잡한 │ 사 │ 여 │ 이 있는 것 같다.

  * 어떤 일이 일어난 까닭.

(9) 온 식구가 │ ㄷ │ 처 │ 마 │ 루 │ 에 모여 저녁을 먹었다.

  * 한옥에서, 방과 방 사이에 있는 큰 마루.

(10) 시집가는 날, 연지 │ 고 │ ㅈ │ 를 찍은 아가씨 모습이 참 아름다웠다.

  * 전통 결혼식에서 신부가 이마 가운데에 연지로 찍는 붉은 점.
  * 연지: 여자가 화장할 때에 입술이나 뺨에 바르는 붉은 물감.

(11) 사람들은 아가씨를 │ 서 │ ㄴ │ 같다고 칭찬했다.

  * 신들의 세계에서 사는 상상의 여신.

4 흉내 내는 말

(1) 놀부는 흥부를 보자 ⬚⬚⬚⬚ 소리를 질렀다.

　　* 화가 나서 소리를 크게 지르는 모양.

(2) 오성은 대감네 집 안으로 ⬚⬚⬚⬚ 걸어 들어갔다.

　　* 다리를 잇따라 높이 들어 크게 걷는 모양.

(3) 어머니 구두 소리는 또각또각, 아버지 구두 소리는 ⬚⬚⬚⬚ .

　　* 발을 크고 무겁게 내디디며 걷는 소리나 모양.

(4) 남자는 다리가 아픈지 ⬚⬚⬚⬚ 걸어왔다.

　　* 한쪽 다리가 짧거나 다쳐서 자꾸 저는 모양.

(5) 집을 빼앗긴 부자는 ⬚⬚⬚⬚ 속을 끓였다.

　　* 기분이 상해 화를 내는 모양.

보기

절뚝절뚝　　저벅저벅

버럭버럭　　성큼성큼　　부글부글

---

5 전기

전기와 관련 있는 낱말입니다. 빈칸에 알맞은 낱말을 쓰세요.

(1) 쓰지 않는 기계는 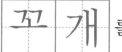를 꼭 빼 놓자.

　* 전기를 전달 받기 위해 콘센트에 꽂는 부분. '플러그'라고도 한다.
　* 콘센트: 기계에 전기를 공급하는 부분.

(2) 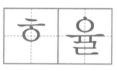을 사용하면서 인간의 삶은 편해졌다.

　* 가정에서 사용하는 세탁기, 냉장고, 텔레비전 등의 전기 기계제품.

(3) 전기 사용량을 줄이기 위해 에너지 효율이 높은 제품을 써야 한다.

　* 어떤 일에 들어간 힘과 그 힘에 대한 결과를 비교하여 계산한 값.

(4) 낮에는  기구를 끄는 것이 좋다.

　* 빛으로 밝게 비추는 것.

(5) 전기를 아끼려면 여름에는 를, 겨울에는

기구를 덜 켜야 한다.

　* 실내의 온도를 낮추어 시원하게 하는 기계.
　* 실내의 온도를 높여 따뜻하게 하는 일.

6 신발

다음 설명에 알맞은 신발을 빈칸에 찾아 쓰세요.

(1) 수를 놓은 비단으로 만든 신발.

（　　　　　）

(2) 앞에 구름무늬가 있는 신발. 여자들이 신는다.

（　　　　　）

(3) 꽃 모양이나 여러 빛깔로 곱게 꾸민 신발.

（　　　　　）

(4) 옛날에, 잘사는 집의 노인이 신었던 신발.

（　　　　　）

(5) 울타리가 깊고, 앞 코가 작은 가죽신.

（　　　　　）

(6) 남자들이 신는 신발.

（　　　　　）

보기   꽃신   운혜   당혜   수혜   태사혜   발막신

다음 그림과 설명을 보고 알맞은 낱말을 찾아 쓰세요.

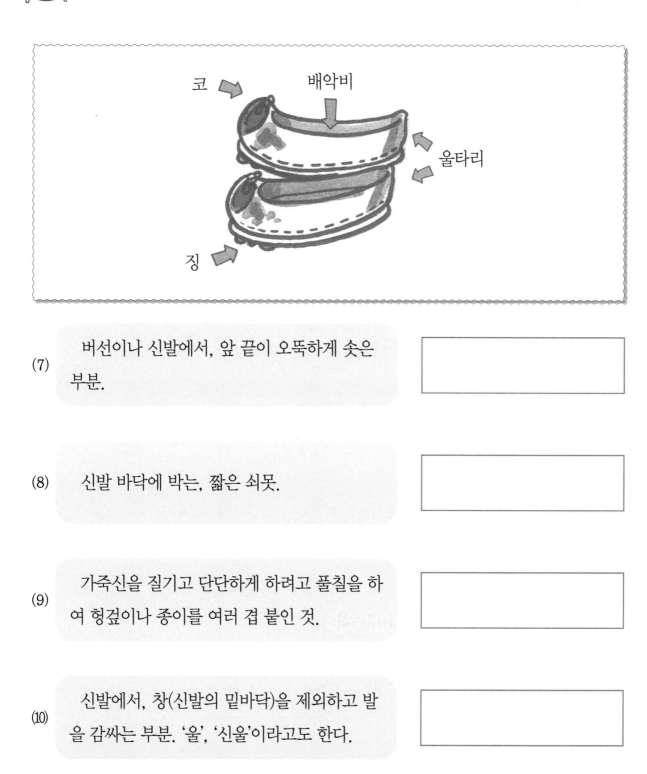

(7) 버선이나 신발에서, 앞 끝이 오뚝하게 솟은 부분.

(8) 신발 바닥에 박는, 짧은 쇠못.

(9) 가죽신을 질기고 단단하게 하려고 풀칠을 하여 헝겊이나 종이를 여러 겹 붙인 것.

(10) 신발에서, 창(신발의 밑바닥)을 제외하고 발을 감싸는 부분. '울', '신울'이라고도 한다.

보기   징   코   배악비   울타리

7 낱말 뜻풀이

빈칸에 알맞은 말을 넣어서 밑줄 친 낱말의 뜻을 풀이하세요.

(1) 나는 책을 읽고 나서 내용을 <u>간추려</u> 보았다.

* 간추려: 글에서 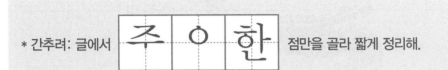 점만을 골라 짧게 정리해.

(2) 삼촌은 이사를 가려고 짐을 <u>꾸리셨다.</u>

* 꾸리셨다: 짐이나 물건을 싸서 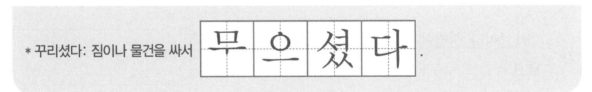.

(3) 부자는 총각의 말에 <u>솔깃했다.</u>

* 솔깃했다: 그럴듯해 보여서 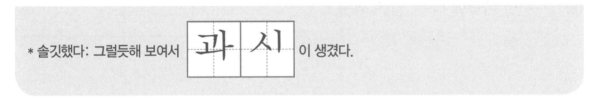 이 생겼다.

(4) 그 어려운 일을 해 내다니! 정말 <u>대견하다.</u>

* 대견하다: 흐뭇하고 .

(5) 여기에 <u>용한</u> 갓바치가 산다.

* 용한:  가 뛰어난.

8 무슨 뜻일까요?

밑줄 친 말의 알맞은 뜻을 찾아 번호를 쓰세요.

(1) 이 신발은 무엇 하나 <u>나무랄</u> 것이 없다.   (   )

① 흠을 드러내어 말할.

② 좋다고 칭찬할.

(2) 한번 산 물건은 <u>무를</u> 수 없다.   (   )

① 다른 물건으로 바꿀.

② 원래 주인에게 돌려주고 돈을 되찾을.

(3) 현수는 <u>못 이기는 척</u> 수정이의 부탁을 들어주었다.   (   )

① 어쩔 수 없는 듯이.

② 내기에서 일부러 져서.

(4) 토끼에게 속은 자라는 <u>속을 끓였다.</u>   (   )

① 억울하고 화가 났다.

② 일을 잘못하여 부끄러웠다.

(5) <u>단아한</u> 아가씨가 내 앞으로 걸어왔다.   (   )

① 단정하고 아담한.

② 화려하게 꾸민.

9 원고지 쓰기

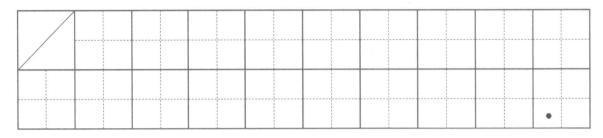 다음 문장을 괄호 안의 횟수만큼 띄워서 원고지에 옮겨 쓰세요.

(1) 작년에는이맘때쯤에첫눈이내렸지.(3)

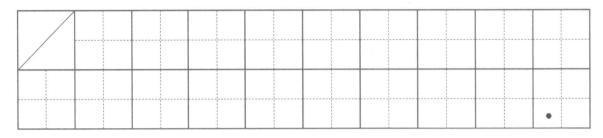

(2) 우리는별수없이그다음날떠날수밖에없었다.(7)

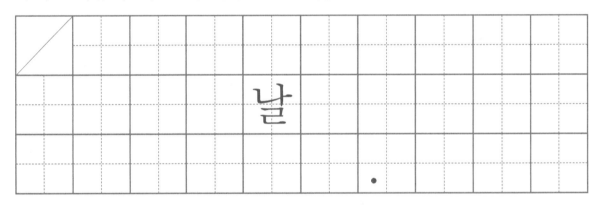

(3) 소년은눈밭위에맨발로선채오들오들떨고있었다.(8)

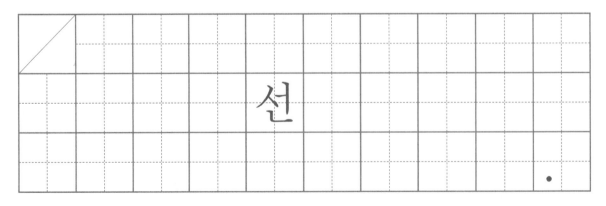

제3과 느낌을 살려 말해요

1 세계 지도

지도를 보고, 설명에 알맞은 낱말을 찾아 쓰세요.

(1) 유럽, 아시아, 아프리카 세 대륙에 둘러싸인 바다. 이탈리아, 터키, 이집트 등이 접해 있다.

(2) 세계에서 가장 큰 대륙. 태평양과 인도양에 접해 있다. 우리나라와 일본, 중국 등이 있다.

(3) 세계에서 두 번째로 큰 대륙. 인도양의 서쪽, 대서양의 동쪽에 있다. 이집트, 가나 등이 있다.

(4) 태평양의 동쪽, 대서양의 서쪽에 있는 대륙. 브라질, 아르헨티나, 칠레 등이 있다.

2 농사

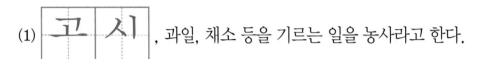 농사와 관련 있는 낱말입니다. 빈칸에 알맞은 낱말을 넣어 문장을 완성하세요.

(1) 　고　시　, 과일, 채소 등을 기르는 일을 농사라고 한다.

　　* 사람의 식량이 되는 쌀, 보리, 콩 등을 통틀어 이르는 말.

(2) 아버지께서 　ㄱ　이　로 흙을 파시면 내가 구멍에 씨를 심었다.

　　* 땅을 파거나 흙을 평평하게 하는 데에 쓰는 농기구.
　　* 농기구: 농사를 짓는 데에 쓰는 기구.

(3) 소가 　ㅈ　ㄱ　를 끌어 논을 갈고 있다.

　　* 논이나 밭을 가는 데에 쓰는 농기구.

(4) 과학이 발달하면서 　ㄴ　ㄱ　 기술도 발전했다.

　　* 논밭을 갈아 농사를 짓는 것.

(5) 기술이 발전하면서 농작물도 더 많이 　수　ㅎ　할 수 있게 되었다.

　　* 익은 농작물을 거두어들이는 것.

3 전기

전기와 관련 있는 낱말입니다. 괄호 안에 들어갈 낱말을 빈칸에 쓰세요.

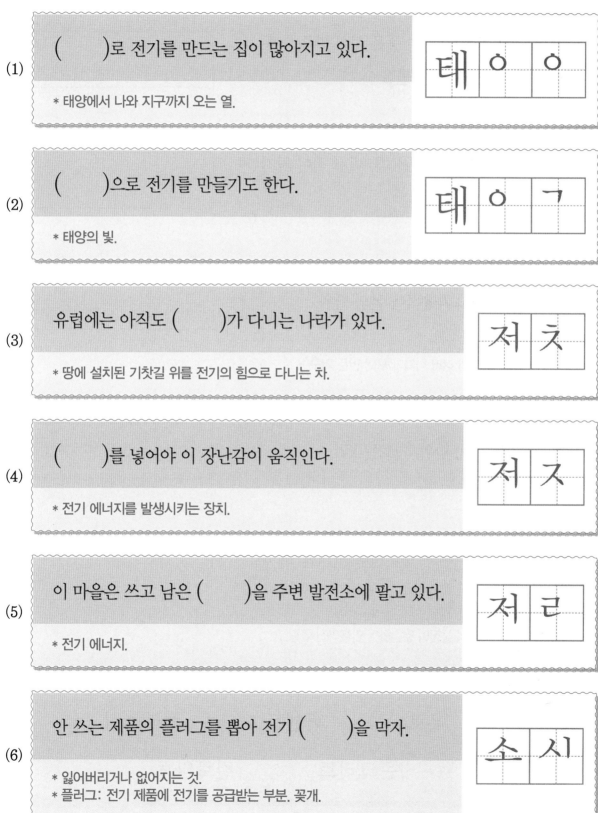

(1) (　　　)로 전기를 만드는 집이 많아지고 있다.

* 태양에서 나와 지구까지 오는 열.

태 ㅇ ㅇ

(2) (　　　)으로 전기를 만들기도 한다.

* 태양의 빛.

태 ㅇ ㄱ

(3) 유럽에는 아직도 (　　　)가 다니는 나라가 있다.

* 땅에 설치된 기찻길 위를 전기의 힘으로 다니는 차.

저 ㅊ

(4) (　　　)를 넣어야 이 장난감이 움직인다.

* 전기 에너지를 발생시키는 장치.

저 ㅈ

(5) 이 마을은 쓰고 남은 (　　　)을 주변 발전소에 팔고 있다.

* 전기 에너지.

저 ㄹ

(6) 안 쓰는 제품의 플러그를 뽑아 전기 (　　　)을 막자.

* 잃어버리거나 없어지는 것.
* 플러그: 전기 제품에 전기를 공급받는 부분. 꽂개.

소 시

4 외래어

다음 설명에 알맞은 외래어를 빈칸에 찾아 쓰세요.

(1) 시멘트에 모래와 자갈 등을 섞어 반죽하여 단단하게 굳게 만드는 물질.

(2) 전체가 100이라고 했을 때, 어떤 것이 차지하는 양을 나타낸 단위.

(3) 유럽 연합에서 사용하는 돈의 단위.

* 유럽 연합: 유럽의 여러 나라가 모여 만든 기구.

(4) 전기 에너지의 단위. 기호는 kW.

(5) 열이나 압력으로 모양을 바꿀 수 있는 화합물.

* 화합물: 둘 이상의 물질이 결합하여 만들어진 물질.

보기   유로   퍼센트   플라스틱

콘크리트   킬로와트

5 돈

다음 글 속에 들어갈 낱말을 알맞게 찾아 쓰세요.

> 우리나라의 (1) ☐ 는 다음과 같이 나누어 볼 수 있다. (2) ☐
> 은 (3) ☐ 에 무늬를 새겨 만들고, (4) ☐ 는 (5) ☐ 으로
> 만든 종이에 인쇄하여 사용한다.

(1) 물건 값을 정하고, 물건을 사기 위해 사용하는 물건.

(2) 여러 금속을 섞어 동그랗게 만든 돈.

(3) 금액과 무늬를 새겨 넣기 전의 동그란 금속판.

(4) 종이로 만든 돈.

(5) 옷감 재료로 사용하고 남은 찌꺼기 솜.

보기　　낙면　　지폐　　소전　　동전　　화폐

6 무슨 낱말일까요?

 설명을 읽고, 빈칸에 알맞은 낱말을 넣어 문장을 완성하세요.

(1) 우승하신 ｜ㅅ｜가｜ 을 말씀해 주세요.

  * 마음에 느낀 것.

(2) 영훈이는 메뚜기를 ｜ㅊ｜지｜ 하려고 이리저리 뛰어다녔다.

  * 찾아서 잡아 모으는 일.

(3) 주현이에게 피아노 연주는 취미에 ｜부｜ㄱ｜하｜다｜.

  * 지나지 않는다.

(4) 시장에서는 물건의 ｜ㄱ｜ㄹ｜ 가 활발하게 이루어졌다.

  * 주고받는 것. 사고파는 것.

(5) 돈이 생기기 전에는 ｜무｜무｜교｜화｜ 을 통해 필요한 물건을 얻을

수 있었다.

  * 돈으로 사고팔지 않고, 직접 물건과 물건을 바꾸는 일.

(6) 옛날에,  은 동물을 돈으로 사용하였다.

     * 물과 풀이 있는 곳을 따라 옮겨 다니면서 가축을 기르며 사는 민족.

(7) 아버지는  공장에서 일하신다.

     * 실을 만드는 원료에서 실을 뽑는 일.

(8) 이번에 우리 동네가  마을로 뽑혔다.

     * 생물이 살아가는 모양이나 상태. 또 그 상태가 잘 지켜지는 곳.

(9) 이 도시는 주민  가 잘 이루어지고 있다.

     * 조직을 이루는 사람들 스스로 그 조직을 다스리는 것.

(10) 주민들의 반대로 이곳에 있던 군대가 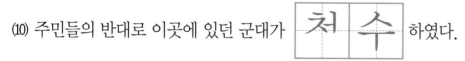 하였다.

     * 있던 곳에서 시설이나 장비를 거두어 물러나는 것.

(11) 너무 쉬운 상대라고  하다가는 큰코다친다.

     * 마음을 풀어 놓아 버리는 것.

7 '승리'와 '우승'

🙂 **다음 뜻을 보고, 괄호 안에 알맞은 낱말을 쓰세요.**

승리	: 겨루어서 이기는 것.
우승	: 경기, 경주 등에서 일등이 되는 것.

---

(1) 우리 반이 4학년의 모든 반을 이겨 (   )을 차지했다.

(2) 일본과 치른 축구 경기에서 우리나라가 3 대 0으로 (   )했다.

공공	: 국가나 사회에 관계되는 것.
공동	: 둘 이상의 사람이나 단체가 함께하는 것.

---

(3) 아파트 같은 (   ) 주택에서는 늦은 시각까지 뛰어놀면 안 된다.

(4) 경찰서, 소방서, 도서관 같은 곳을 (   ) 기관이라고 한다.

위조	: 다른 사람을 속이려고 어떤 물건을 진짜처럼 만드는 것.
제조	: 물건을 만드는 것.

---

(5) 우리나라는 전자제품 (   ) 기술이 매우 뛰어나다.

(6) 돈을 (   )하던 범인이 경찰에 잡혔다.

8 바르게 쓰기

밑줄 친 낱말을 바르게 고쳐 쓰세요.

(1) 새로 만든 10원짜리 동전은 <u>구리빛</u>이다.

    * 구리의 빛깔처럼 붉은 빛을 띤 갈색빛.

(2) <u>애게</u>, 겨우 40점이야?

    * 대단하지 않은 것을 보고 깔보며 내는 소리.

(3) 어머니께서 <u>조개껍대기</u>를 주워 오셨다.

(4) 여기에 구멍을 뚫어 실을 <u>꽤면</u> 장신구가 된다.

    * 실이나 끈을 구멍이나 틈의 한쪽에 넣어 다른 쪽으로 내면.
    * 장신구: 꾸미기 위해 쓰는 물건. 반지, 귀고리 등이 있다.

(5) 이 동네에는 <u>아얘</u> 차를 사지 않는 사람들이 많다.

    * 맨 처음부터.

(6) 계단에서 장난을 치면 <u>헛디더</u> 크게 다칠 수 있다.

    * 발을 어디에 잘못 올려놓아.

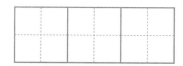

9 무슨 뜻일까요?

밑줄 친 낱말의 알맞은 뜻을 찾아 번호를 쓰세요.

(1) 일이 순조롭게 이루어지고 있다.   (   )

① 아무 탈 없이 예정대로 잘.

② 만족스럽지는 않지만 그런대로.

(2) 아저씨는 채소 가격을 어떻게 매길지 고민하셨다.   (   )

① 값을 정할지.

② 값을 올릴지.

(3) 농사 기술이 발달하면서 잉여 농산물이 생겨났다.   (   )

① 썩은 것.

② 쓰고 난 뒤에 남은 것.

(4) 형은 내 모습을 정교하게 그렸다.   (   )

① 사실보다 지나치게 부풀려서.

② 빈틈없이 자세하게.

(5) 이 동네는 분위기가 스산하다.   (   )

① 어수선하고 쓸쓸하다.

② 힘차게 살아 있는 듯하다.

10 원고지 쓰기

다음 낱말들은 혼자서는 쓰일 수 없습니다. 앞의 꾸미는 말과 띄어 씁니다.

것   어떤 물건, 일 등을 이르는 말.

수   어떤 일을 할 만한 능력이나 어떤 일이 일어날 가능성.

줄   어떤 방법, 속마음 등을 나타내는 말.

괄호 안의 횟수에 맞게 띄워서 원고지에 옮겨 쓰세요.

(1) 먹을것이없어서밥을못먹었다.(5)

(2) 나를도와줄수있겠니?(3)

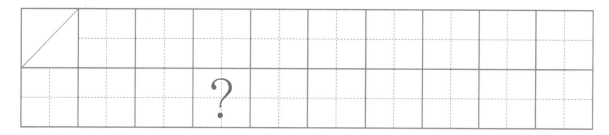

(3) 나는밥을할줄을모른다.(4)

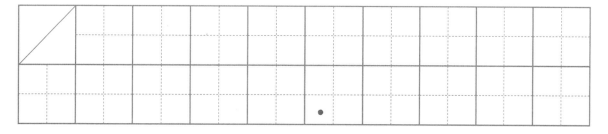

제 **4** 과 일에 대한 의견

1 조선 시대 발명품

다음은 조선 시대 장영실이 만든 발명품입니다. 알맞은 이름을 찾아 쓰세요.

(1)

☞ 하늘의 별을 관찰하는 데에
쓰던 기구.

별의 움직임과 위치를 ☞
살피던 장치.

(2)

(3)

☞ 물을 이용해 시간을 측정하는
기계. 물시계라고도 한다.

햇빛의 그림자로 시간을 재 ☞
는 기구. 해시계라고도 한다.

(4)

보기   자격루   혼천의   앙부일구   간의

2 그림

빈칸에 알맞은 낱말을 넣어 문장을 완성하세요.

(1) 선생님께서 내 그림을 보시고 _____ 이 좋다고 하셨다.

ㅅ	감

* 색에서 받은 느낌.

(2) 내용을 강조하려고 바탕을 _____ 되는 색으로 칠했다.

대	ㅂ

* 서로 다른 색이나 모양 등을 나란히 놓아 어떤 특징을 강조하는 것.

(3) 이 그림은 삼각형 _____ 를 사용해 그렸다.

구	ㄷ

* 그림에서 모양, 색깔, 위치 등의 짜임새.

(4) 호랑이가 사실적으로 _____ 되어 무섭게 느껴졌다.

묘	ㅅ

* 어떤 것을 그림이나 말로 나타내는 것.

(5) 초충도는 여덟 _____ 으로 된 병풍 작품이다.

포

* 그림을 세는 단위.

3 무슨 낱말일까요?

문장을 읽고 빈칸에 들어갈 낱말을 알맞게 쓰세요.

(1) | ㅂ | ㅁ | 관 | 에 가면 옛날 사람들이 어떻게 살았는지 알 수 있다.

　　* 옛날 물건이나 예술 작품 등을 모아 보관하여 여러 사람에게 보여 주는 곳.

(2) 갈매기들이 | ㅏ | ㄱ | ㅈ | 을 하며 힘차게 날아올랐다.

　　* 새가 날개를 펴서 위아래로 움직이는 것.

(3) 신문에 우리 선생님의 인터뷰 | ㄱ | ㅅ | 가 실렸다.

　　* 신문이나 잡지 등에 실린, 어떠한 사실을 알리는 글.

(4) 아버지는 출판사에서 책을 | 펴 | 지 | 하는 일을 하신다.

　　* 신문, 잡지, 책 등을 펴내기 위해 기사나 글을 모으고 정리하는 것.

(5) 동주는 | 벼 | 푸 | 뒤에 숨었다가 잠이 들었다.

　　* 집 안에서 어떤 것을 가리거나 방을 꾸미려고 펴 놓는 물건.

(6) 독수리는 | ㅇ | 새 | 동물이다.

    * 사람의 손이 가지 않고 산과 들에서 저절로 나서 자람.

(7) 내가 초콜릿을 가져갔다는 | ㅈ | ㄱ | 를 대 봐.

    * 증명할 수 있는 근거.

(8) 삼촌은 외국에서 미술 작품을 | 저 | ㅅ | 하셨다.

    * 사람들에게 보이기 위해 여러 가지 물품을 벌여 놓은 것.

(9) 비둘기는 평화의 | ㅅ | 징 | 이다.

    * 어떤 생각이나 느낌을 눈에 보이는 것으로 나타내는 것.

(10) 우리는 가족의 | 화 | 모 | 을 위해 매주 가족회의를 한다.

    * 서로 돕고 사이좋게 지내는 것.

(11) | 처 | ㅁ | 끝에 참새 한 마리가 앉아 있다.

    * 주로 기와집에서, 지붕이 벽이나 기둥 밖으로 나온 부분.

4 낱말 뜻풀이

😊 빈칸에 알맞은 낱말을 넣어서 밑줄 친 낱말의 뜻을 풀이하세요.

(1) 우리는 학급 신문에 실을 기사 내용에 대해 서로 <u>의견</u>을 나누었다.

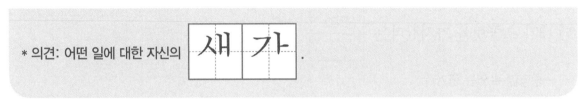

＊의견: 어떤 일에 대한 자신의 ［새 가］.

(2) <u>필체</u>로 보아 이 편지는 윤수가 보낸 것이다.

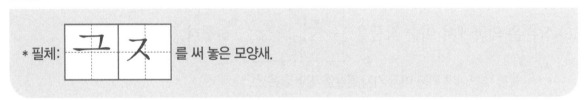

＊필체: ［그 ㅈ］를 써 놓은 모양새.

(3) 지구와 달은 태양의 주위를 도는 <u>천체</u>다.

＊천체: ［ㅇ 주］에 있는 모든 물체.

(4) 환경이 오염되면 <u>생태계</u>가 파괴된다.

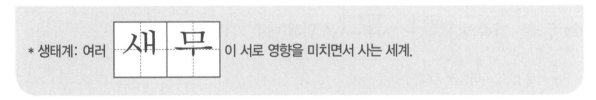

＊생태계: 여러 ［새 무］이 서로 영향을 미치면서 사는 세계.

(5) 쥐가 장롱 <u>밑동</u>을 갉아 먹었다.

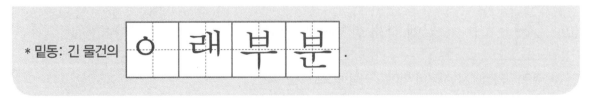

＊밑동: 긴 물건의 ［ㅇ 래 부 분］.

5 반대말

밑줄 친 낱말의 반대말을 빈칸에 쓰세요.

(1)
우리는 단군의 <u>후손</u>이다.

우리는 명절이면 | 조 | 사 | 께 차례를 지낸다.

(2)
<u>철새</u>는 계절에 따라 사는 곳을 옮겨 다닌다.

| 터 | ㅅ | 는 일 년 내내 한곳에서 산다.

(3)
두 점을 곧게 이은 선을 <u>직선</u>이라고 한다.

부드럽게 굽은 선을 | ㄱ | 선 | 이라고 한다.

(4)
동생은 케이크 <u>가장자리</u>에 있는 딸기를 빼 먹었다.

누나는 케이크 | 한 | ㄱ | ㅇ | 데 | 에 초를 꽂았다.

(5)
이 화분은 보기보다 <u>가볍다</u>.

무엇이 들었는지 상자가 꽤 | 무 | 지 | 하 | 다 |.

6 무슨 뜻일까요?

밑줄 친 말의 알맞은 뜻을 찾아 번호를 쓰세요.

(1) 우리 반에서 그림 솜씨는 보라가 <u>단연</u> 최고다.　　　　　（　　）

　① 언제나 변함없이.

　② 두드러지게.

(2) 어머니께서 책상은 왼쪽, 침대는 오른쪽에 <u>배치하셨다</u>.　　　（　　）

　① 알맞은 자리에 나누어 놓으셨다.

　② 물건을 다른 데로 옮기셨다.

(3) 그 음악은 리듬이 <u>단조로워</u> 듣고 있으면 졸음이 온다.　　　（　　）

　① 매우 느려서.

　② 변화가 없고 단순해.

(4) 한복을 입으신 어머니의 모습이 무척 <u>우아해</u> 보였다.　　　（　　）

　① 점잖고 아름다워.

　② 부드럽고 편안해.

(5) 넓은 바다를 보니 <u>가슴이 탁 트이는</u> 것 같았다.　　　（　　）

　① 가슴이 답답하고 아픈.

　② 마음속에 맺힌 것이 풀어지는.

7 바꾸어 쓰기

🐱 **밑줄 친 부분을 한 낱말로 바꾸어 쓰세요.**

(1) 호두 껍데기는 <u>겉으로 드러난 면</u>이 울퉁불퉁하다.

(2) 이 그림은 <u>살아서 움직이는 듯한 느낌</u>이 넘친다.

(3) 독도와 울릉도 그리고 제주도는 <u>바다에서 화산이 폭발하여 생긴 섬</u>이다.

(4) 은호는 독도에 발을 <u>앞쪽으로 걸음을 옮겨놓는</u> 순간 가슴이 떨렸다.

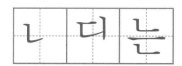

(5) 달걀은 <u>길쭉하고 둥근 원 모양</u>으로 생겼다.

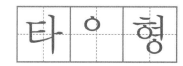

(6) 할머니께서는 <u>산의 비탈이 끝나는 아랫부분</u>에 사신다.

8 장영실

 다음 글을 읽고 빈칸에 알맞은 낱말을 쓰세요.

장영실은 조선 세종 때 살던 사람이다. 그는 천체를 관측하고 (1) _____ 를 알려고 간의와 혼천의를 만들었다. 장영실은 어렸을 때부터 (2) _____ 가 좋아 물건들을 스스로 만들었다. (3) _____ 에 노비로 들어간 장영실은 늦은 밤까지 심부름을 했다. 힘들 때마다 세상에 꼭 필요한 사람이 되겠다고 (4) _____ 했다. 세종 대왕은 장영실의 뛰어난 (5) _____ 을 인정하여 높은 벼슬을 내렸다. 장영실은 백성들의 어려움을 덜고, 세종 대왕께 보답하고자 여러 가지 발명품을 만들었다.

* 관측: 자연 현상을 관찰하여 어떤 사실을 조사하거나 알아내는 것.

(1) 동서남북을 기준으로 정한 방향.

ㅂ	위

(2) 손으로 무엇을 만들거나 다루는 재주.

ㅅ	ㅈ	ㅈ

(3) 옛날에 관리가 나랏일을 보던 곳.

ㄱ	가

(4) 어떤 일을 반드시 하겠다는 마음가짐.

ㄷ	지

(5) 재주와 능력을 이르는 말.

ㅈ	ㄴ

9 바르게 읽기

'ㄴ' 받침 뒤에 'ㄹ'이 오면, 'ㄴ'이 [ㄹ]로 소리 납니다.

예) 연로[열로], 난로[날로]

문장 속 밑줄 친 낱말을 소리 나는 대로 쓰세요.

(1) 경주는 신라의 수도였다. [   ]

(2) 눈 덮인 한라산을 올랐다. [   ]

(3) 오빠는 훈련을 마치고 돌아왔다. [   ]

하지만 일부 한자어는 'ㄹ'이 [ㄴ]으로 소리 납니다.

예) 생산량[생산냥], 반찬류[반찬뉴]

(4) 등산하는 길을 등산로라고 한다. [   ]

(5) 횡단로는 도로를 가로질러 건너가는 길이다. [   ]

(6) 지수는 학교 게시판 의견란에 물난리를 겪은 분들을 도와주자고 썼다.

[   ] [   ]

10 원고지 쓰기

 괄호 안의 띄어쓰기 횟수를 참고하여 문장을 옮겨 쓰세요.

(1) 형은새벽부터늦은밤까지공부했다.(4)

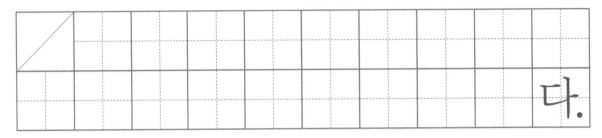

(2) 고양이는한꺼번에두마리이상새끼를낳는다.(6)

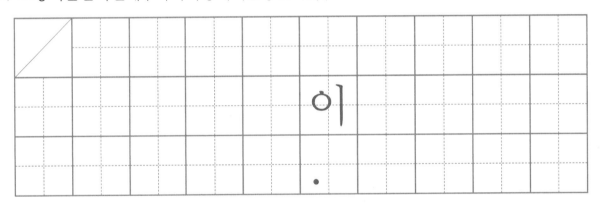

(3) 배에탄지한참을지나우리땅독도에도착했다.(8)

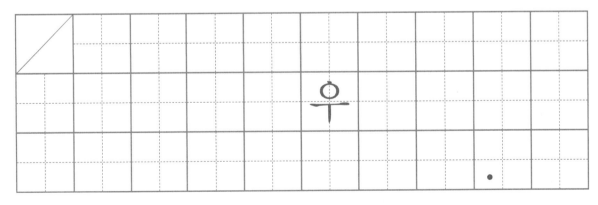

제 **5** 과 내가 만든 이야기

1 욕심

> 욕심(慾心) : 어떤 것을 지나치게 바라는 마음.
>
> └→ '마음'이라는 뜻.
>
> 예) 사람의 욕심은 끝이 없다.

다음 설명을 읽고 '심'이 들어가는 낱말을 빈칸에 쓰세요.

(1) 동생은 공룡에 |과| | 이 많다.

    * 어떤 것에 끌리는 마음.

(2) 진주는 동호의 말이 사실인지 |ㅇ| | 이 되었다.

    * 확실히 알 수 없어 믿지 못하는 마음.

(3) 거짓말은 |야| | 을 속이는 짓이다.

    * 옳고 그름, 선과 악을 구별하는 마음.

(4) 부모님을 공경하라는 선생님의 말씀을 |머| | 해야겠다.

    * 어떤 일이나 말을 잊지 않도록 마음속에 깊이 새겨 둠.

2 무슨 낱말일까요?

 문장을 읽고, 빈칸에 들어갈 낱말을 알맞게 쓰세요.

(1) | 고 | 항 | 은 외국 여행을 가려는 사람들로 북적였다.

　＊ 비행기가 뜨고 내릴 수 있게 여러 시설을 만들어 놓은 곳. 🔵 비행장

(2) 누나만 새 신을 선물 받자 정태는 | ㅅ | 토 | 이 났다.

　＊ 못마땅해서 투정을 부리는 마음. 🔵 심술.

(3) 형이 무사하다는 소식에 어머니는 | 아 | ㄷ | 의 한숨을 쉬셨다.

　＊ 걱정거리에서 벗어나 마음을 놓는 것. 🔵 안심

(4) 이가 아픈 명수는 밥을 먹을 때마다 | 시 | 으 | 을 냈다.

　＊ 아프거나 괴로워서 끙끙거리는 소리를 내는 것.

(5) 재은이는 걸레를 빨려고 | ㅅ | ㅁ | 를 걷었다.

　＊ 윗옷에서 팔을 넣는 부분.

(6) 용은 | 사 | 시 | 속의 동물이다.

　* 실제로는 없거나 보이지 않는 것을 머릿속에 떠올리는 것.

(7) 까치가 | ㅍ | 지어 날아와 감을 다 먹어 버렸다.

　* 여럿이 함께 모여 있는 무리.

(8) 할머니께서 | ㅈ | 루 | 속에 옥수수를 가득 담으셨다.

　* 물건을 담을 수 있게 헝겊 따위로 주머니처럼 만든 것.

(9) | 조 | ㄹ | 시간이 길어지자 현수는 힐끔힐끔 시계를 보았다.

　* 학교 같은 데에서 하루 일과를 마치고 여는 모임.

(10) 우리나라 선수가 골을 넣을 때마다 | ㅎ | 호 | 가 터졌다.

　* 기뻐서 외치는 큰 소리.

(11) 우리 집 마루에는 붓글씨 | 족 | ㅈ | 가 걸려 있다.

　* 그림이나 글씨를 벽에 걸어 두려고 위아래에 막대를 대고 테두리에 종이나 천을 바른 물건.

3 누구일까요?

설명을 읽고, 빈칸에 알맞은 이름을 찾아 쓰세요.

(1) 옛날에, 지식은 많으나 벼슬을 하지 않은 사람.

(2) 한 무리를 이끄는, 가장 높은 사람.

(3) 창고나 묘지 등을 지키는 사람.

(4) 우주 비행을 위해 특수 훈련을 받은 비행사.

(5) 곡식 만 섬을 거두어들일 만한 땅을 가진 부자.

* 섬: 곡식의 부피를 세는 단위. 만 섬은 2만 가마니.

(6) 도를 닦아 큰 지혜를 얻은 사람.

* 도: 열심히 공부하여 얻은 깨달음.   * 닦아: 잘 다스려서 바르게 길러.

보기	우주인	도사	고지기
	선비	우두머리	만석꾼

4 달리기

🐶 **빈칸에 알맞은 낱말을 넣어 문장을 완성하세요.**

(1) 나는 다음 달에 | 마 | 라 | 톤 | 대회에 나가기로 했다.

* 육상 경기에서 42.195km를 달리는 장거리 경주 종목.

(2) 나는 | 완 | 주 | 를 목표로 날마다 연습했다.

* 목표 지점까지 다 달림.

(3) 대회 날, | 출 | 발 | 선 | 앞에 서니 가슴이 쿵쾅쿵쾅 뛰었다.

* 경주할 때에 출발하는 곳에 그어 놓은 선.

(4) 포기하고 싶을 때마다 사람들의 | 응 | 원 | 소리에 힘을 내었다.

* 운동 경기에서, 선수들이 힘을 낼 수 있도록 도와주는 일.

(5) 꼴찌였지만 | 결 | 승 | 점 | 을 통과하는 순간 무척 뿌듯했다.

* 육상, 수영 따위에서, 승부가 결정되는 지점.

5 무슨 뜻일까요?

밑줄 친 말의 알맞은 뜻을 찾아 번호를 쓰세요.

(1) 주하는 책상 위에 책을 <u>첩첩이</u> 쌓아 놓았다.   (   )

   ① 여러 겹으로 겹쳐서.

   ② 제자리에 있지 않고 널려 있어 지저분하게.

(2) 누나가 나를 보고 그깟 일로 우냐며 <u>비아냥거렸다.</u>   (   )

   ① 꾸짖으며 말했다.

   ② 얄미운 태도로 비웃으며 말했다.

(3) 희주는 뒷산에 올라 동네를 <u>굽어보았다.</u>   (   )

   ① 고개나 허리를 굽혀 아래를 내려다보았다.

   ② 풍경을 멀리서 바라보았다.

(4) 게임을 하느라 약속을 잊었다는 말에 원희는 <u>어이가 없었다.</u>   (   )

   ① 화가 나서 눈물이 났다.

   ② 너무 뜻밖이어서 당황스러웠다.

(5) 가방에는 <u>달랑</u> 책 한 권이 들어 있었다.   (   )

   ① 무엇이 적거나 하나만 있는 모양.

   ② 공간이 텅 비어 쓸쓸한 모양.

6 -하다

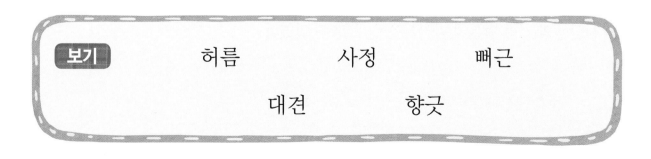

'-하다'가 붙는 낱말입니다. 빈칸에 알맞은 말을 넣어 문장을 완성하세요.

(1) 꽃집에서 풍겨 오는 꽃 냄새가  하 다 .

　　* 은근히 향기가 있다.

(2) 오래된 시장이라 건물이 모두  하 다 .

　　* 낡고 좀 헌 듯하다.

(3) 어머니를 도와 청소를 하는 동생이  하 다 .

　　* 마음에 꼭 들고 자랑스럽다.

(4) 오래달리기를 했더니 다리가  하 다 .

　　* 근육이 뭉치거나 뻣뻣해져서 아프거나 움직이기 불편하다.

(5) 영주는 어머니께 용돈을 올려 달라고  했 다 .

　　* 자신의 형편을 말하고 무엇을 부탁했다.

보기　　　허름　　　사정　　　뻐근

대견　　　향긋

7 낱말 뜻풀이

👑 빈칸에 알맞은 낱말을 넣어서 밑줄 친 낱말의 뜻을 풀이하세요.

(1) 햇볕이 너무 강해 정수리가 뜨거웠다.

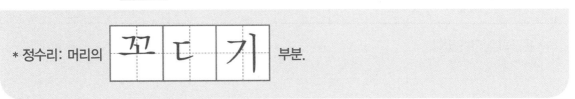
* 정수리: 머리의 | 꼬 | ㄷ | 기 | 부분.

(2) 아저씨는 논마지기도 물려받지 못했다.

* 논마지기: 그리 넓지 않은 | ㄴ |.

(3) 봉구는 경사진 산길을 내려오다 엉덩방아를 찧었다.

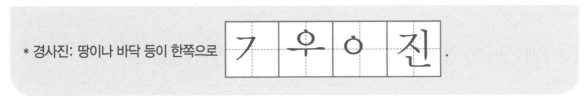
* 경사진: 땅이나 바닥 등이 한쪽으로 | ㄱ | 우 | ㅇ | 진 |.

(4) 나는 윤진이에게 비밀을 지켜달라고 당부했다.

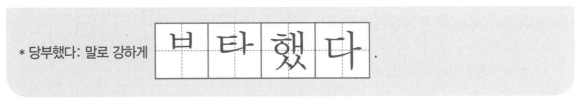
* 당부했다: 말로 강하게 | ㅂ | 타 | 했 | 다 |.

(5) 사람들의 격려 덕분에 마라톤을 완주할 수 있었다.

* 격려: 말이나 행동으로 힘과 | 요 | ㄱ | 를 주는 것.

8 꾸미는 말

다음 설명에 알맞은 말을 보기에서 골라 쓰고, 그 낱말을 이용해 문장을 완성하세요.

(1) 왜 그런지 모르게.   _____

(2) 전혀 알아챌 수 없을 만큼 흔적 없이.   _____

(3) 기껏해야. 겨우.   _____

(4) 어디에 꽉 차게.   _____

보기   고작   왠지   감쪽같이   잔뜩

(5) 책상 위에 놓아 둔 초콜릿이 _____ 사라졌다.

(6) 창고에는 오래 된 가구들이 _____ 놓여 있었다.

(7) 희준이와 짝이 된다고 생각하니 _____ 기분이 좋았다.

(8) 너 혼자 다 먹고 _____ 한 개 남겨 놓은 거야?

9 바르게 쓰기

밑줄 친 낱말을 바르게 고쳐 쓰세요.

(1) <u>모래</u>까지 그림을 완성해야 한다.

    * 내일의 다음 날.

(2) 종규는 문 뒤에 숨어서 형의 행동을 <u>옆보았다.</u>

    * 남의 행동을 몰래 살펴보았다.

(3) 오늘은 할아버지 <u>제사날</u>이니 집에 일찍 들어오너라.

(4) <u>굼주린</u> 고양이가 생선을 물고 달아났다.

    * 먹지 못해 배가 고픈.

(5) 은성이는 <u>무릎팍</u>에 반창고를 붙였다.

(6) 소정이는 <u>고기국</u>에 밥 한 그릇을 말아 뚝딱 먹어 치웠다.

10 띄어쓰기

다음 낱말은 띄어 쓰는 때와 붙여 쓰는 때가 있습니다.

만큼　　**대로**　　**뿐**

■ 띄어 쓰는 때: '-ㄴ', '-ㄹ'로 끝나는 말 뒤.

예) 들은 대로 말해 봐! 할 만큼 했어.

■ 붙여 쓰는 때: ① 이름을 나타내는 낱말 뒤.

예) 너는 너대로 해. 하늘만큼 푸르다.

② 수를 나타내는 낱말 뒤.

예) 여기에는 우리 둘뿐이야.

괄호 안의 횟수만큼 띄어 써야 할 곳에 V표하세요.

(1) 네가아는대로말해봐!(4)

(2) 서로얼굴만쳐다볼뿐아무말도못했다.(7)

(3) 나도어머니만큼요리를잘하고싶다.(4)

(4) 우리가족은부모님과나셋뿐이다.(4)

(5) 우리가노력한만큼결과가있을거야.(5)

(6) 책은책대로연필은연필대로가지런히놓았다.(5)

제**6**과 회의를 해요

1 '–이'와 '–히'

👄 문장을 읽고, 바르게 쓴 낱말에 동그라미 하세요.

(1) 나는 현수와 〔 다달이 / 다달히 〕 책을 세 권씩 읽기로 했다.

　　* 달마다.

(2) 연두는 시험을 없애야 한다고 〔 강력이 / 강력히 〕 주장했다.

　　* 의지가 강하게.

(3) 선생님께서 아이들에게 〔 일일이 / 일일히 〕 편지를 써 보내셨다.

　　* 하나하나 빠짐없이 다.

(4) 형은 비밀을 말해 준다면서 〔 나직이 / 나직히 〕 속삭였다.

　　* 작고 낮은 목소리로.

(5) 멋진 옷을 입고 싶은데 옷장에는 〔 마땅이 / 마땅히 〕 입을 옷이 없다.

　　* 마음에 들게.

2 무슨 뜻일까요?

밑줄 친 낱말의 알맞은 뜻을 찾아 번호를 쓰세요.

(1) 우리 학교는 휴대 전화 사용을 <u>규제하고</u> 있다.　　　　　　(　)

　　① 규칙에 따라 어떤 일을 못하게 막고.

　　② 허락하여 받아들이고.

(2) 준이가 내 말을 <u>가로채며</u> 따지듯이 물었다.　　　　　　(　)

　　① 말이 끝나자마자 받아서 말하며.

　　② 말하는 도중에 끼어들어 계속하지 못하게 하며.

(3) 재희는 자전거를 타고 공원 <u>둘레</u>를 돌았다.　　　　　　(　)

　　① 어떤 것의 주변.

　　② 어떤 것의 중심.

(4) 토끼가 간을 놓고 왔다는 말에 자라는 <u>당황하였다.</u>　　　　　　(　)

　　① 뜻밖의 일에 놀라 어찌할 바를 몰랐다.

　　② 확실히 알 수 없어서 믿지 못했다.

(5) 네 주장을 <u>뒷받침</u>할 수 있는 근거를 대 봐.　　　　　　(　)

　　① 두드러지게 나타내는 것.

　　② 옳다고 인정받도록 도와주는 것.

3 회의를 해요

학급 회의를 하는 순서입니다. 다음 내용을 보고, 빈칸에 알맞은 낱말을 찾아 쓰세요.

(1) [   ]

사회자가 회의의 시작을 알립니다.

예) 지금부터 제1회 학급 회의를 시작합니다.

주제

(2) [   ]

* 여럿 가운데에서 어떤 것을 뽑아 정함.

학급 회의에서 함께 이야기 나눌 주제를 정합니다.

예) 이번 주 학급 회의 주제를 무엇으로 정하면 좋을지 말씀해 주시기 바랍니다.

주제 토의

주제에 맞는 (3) [   ] 을 발표합니다.

* 어떤 대상에 대해 갖는 생각.

예) 1교시 시작 전에 10분이라도 책을 읽으면 좋겠습니다.

(4)

* 투표하여 결정하는 것.

발표한 내용에 대하여 친구들에게 찬성과 반대를 묻고 그 수에 따라 결정합니다.

예) 27명 가운데 19명이 찬성했습니다.

(5)

발표

* 어떤 일을 한 후에 나타난 상황.

결정한 내용을 친구들에게 알립니다.

예) 이번 주 학급 회의 주제는 "책을 많이 읽자" 이고, 실천 내용은 "1교시 시작 전에 10분씩 책을 읽자" 로 정했습니다.

(6)

* 회의를 마침.

사회자가 회의가 끝난 것을 알립니다.

예) 이것으로 학급 회의를 모두 마칩니다.
    감사합니다.

보기   결과   표결   개회

         폐회   선정   의견

4 '별명'과 '본명'

낱말 풀이를 읽고, 괄호 안에 알맞은 낱말을 넣어 문장을 완성하세요.

명(名) '이름'의 뜻.	별명	: 본래 이름 말고 따로 지어서 부르는 이름.
	본명	: 본래의 이름.

(1) 환성이의 (   )은 '백과사전'이다.

(2) 주민등록증에는 (   )이 쓰여 있다.

주(奏) '연주하다'의 뜻.	합주	: 두 개 이상의 악기로 동시에 연주하는 것.
	독주	: 한 사람이 악기를 연주하는 것.

(3) 피아노와 바이올린의 (   )가 환상적이었다.

(4) 가야금 (   )가 끝나자 박수가 터져 나왔다.

자(者) '사람'의 뜻.	참여자	: 어떤 일에 끼어서 함께하는 사람.
	기록자	: 어떤 내용을 적는 일을 하는 사람.

(5) 은지는 학급 회의 내용을 적는 (   )로 뽑혔다.

(6) 길가 쓰레기 줍기 (   )는 모두 30명이었다.

교(校) '학교'의 뜻.	전교	: 한 학교 전체.
	개교	: 학교를 새로 세워 교육을 시작함.

(7) 우리 학교는 1975년에 (   )했다.

(8) 형은 (   ) 일등을 놓친 적이 없다.

예(豫) '미리'의 뜻.	예방	: 병이나 사고가 일어나지 않게 미리 막는 것.
	예상	: 앞으로 일어날 일을 미리 생각하는 것.

(9) 할머니께서는 독감을 (   )하려고 주사를 맞으셨다.

(10) 내 (   )에는 합창 대회에서 우리 반이 우승할 것 같다.

탐(探) '찾다'의 뜻.	탐방	: 어떤 사실을 알아보려고 사람이나 장소를 찾아 가는 것.
	탐험	: 위험을 무릅쓰고 알려지지 않은 곳을 찾아가서 살피고 조사하는 것.

(11) 화산 활동의 흔적을 보려고 제주도를 (   )하기로 했다.

(12) 위험하다고 모두가 말렸지만 삼촌은 결국 북극 (   )을 떠나셨다.

5 무슨 낱말일까요?

문장을 읽고, 빈칸에 들어갈 낱말을 알맞게 쓰세요.

(1) 우리는 매주 금요일에 학급 | ㅎ | 의 |를 한다.

　　 * 여럿이 모여 의논하는 것.

(2) 회장 현기가 | 지 | 해 |을 맡았다.

　　 * 어떤 일을 이끌어 나가는 것.

(3) 규민이는 "사이좋게 지내자." 하고 | ㅈ | 안 |했다.

　　 * 어떤 의견을 내놓는 것.

(4) 현기는 | ㄱ | 치 |에 따라 모두에게 골고루 말할 기회를 주었다.

　　 * 여러 사람이 다 같이 지키기로 정한 법칙.

(5) 혜리는 친구들에게 욕을 하면 | ㅂ | 저 |을 주자고 했다.

　　 * 잘못한 것에 대해 벌로 주는 점수.

(6) 경록이는 모두 한마음으로 　기　아　 합주를 하자고 했다.

　　* 악기를 연주하는 음악.

(7) 최종 결정을 내리기 위해 정해진 　저　차　 에 따라 투표를 하였다.

　　* 일을 치르는 데에 거쳐야 하는 순서나 방법.

(8) 27명 가운데 18명이 찬성하여 경록이의 의견이 　ㅊ　택　 되었다.

　　* 여러 개 가운데에서 골라서 뽑는 것.

(9) 지우는 회의 내용을 　ㅇ　야　 하여 적었다.

　　* 말이나 글의 중요한 내용을 골라 정리하는 것.

(10) 현기는 　ㅌ　의　 결과를 선생님께 말씀드렸다.

　　* 어떤 문제를 두고 서로 의견을 나누는 것.

(11) 회의 결과를 　시　처　 하기 위하여 우리는 내일부터 연습하기로 했다.

　　* 생각한 것을 실제로 행동에 옮기는 것.

6 바르게 읽기(받침이 이어져 나는 소리)

① 받침으로 끝나는 말 뒤에 'ㅇ'으로 시작하는 말이 이어지면, 그 받침은 뒷말에 넘겨서 읽습니다.

예) 밥 먹을 시간이다. 먹을 [머글]

② 그러나 'ㅎ' 받침은 'ㅇ'으로 시작하는 말이 이어져도 소리가 나지 않습니다.

예) 소가 송아지를 낳았다. 낳았다 [나알따]

밑줄 친 말을 소리 나는 대로 쓰세요.

(1) 아기가 새근새근 잠이 들었다.   [　　　　　]

(2) 운동을 하면 비만을 막을 수 있다.   [　　　　　]

(3) 숙제가 많아서 놀 수 없었다.   [　　　　　]

(4) 상자를 조심히 내려놓아라.   [　　　　　]

(5) 신발이 젖어서 햇볕에 말렸더니, 뽀송뽀송하게 잘 말라 기분이 좋았다.

[　　　　　] , [　　　　　]

7 원고지 쓰기

① 아라비아 숫자는 한 칸에 두 자씩 적습니다.

예) 　19 19 년　　3 월　　1 일

② 단위(cm, kg 등)는 한 칸에 모두 적습니다.

예) 　14 5 cm 에　　36 kg 이 다.

＊ 숫자가 홀수 개로 이루어진 경우에는 앞에서부터 두 자씩 끊어서 씁니다.

다음 문장을 괄호 안의 숫자만큼 띄워서 원고지에 옮겨 쓰세요.

(1) 세계의인구는70억명이넘는다.(4)

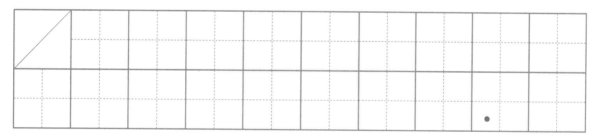

＊ 억: 만의 만 배가 되는 수. 100,000,000.

(2) 코끼리는몸무게가4000kg이나나간다.(3)

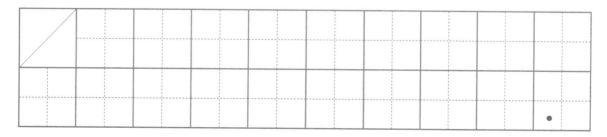

8 십자말풀이

가로 열쇠와 세로 열쇠를 잘 읽고, 빈칸을 채우세요.

		(1) 보		
(2)				(7)
잡			(6)	
(3)		(4)		
		(5)	줄	

가로 열쇠

(1) 건강을 잘 지키는 것.
　例 ○○소 : 주민들의 건강을 지키는 곳.

(2) 사람이나 차가 다니는 큰길.

(3) 아주 가늘게 내리는 비.

(5) '목숨'을 속되게 이르는 말.
　例 ○○을 겨우 이어 간다.

(6) 돈이 적고 많음. 가난함과 부유함.
　例 ○○의 격차.

세로 열쇠

(1) 주로 쌀과 섞어 밥을 짓는 데에 쓰는 곡식. 술, 빵 등의 원료로도 쓰인다.

(2) 길을 안내해 주는 사람이나 물건.

(4) 몹시 놀라거나 무섭거나 아플 때 지르는 소리.

(7) 남이 시킨 일을 해 주는 것.

제 7 과 사전은 내 친구

1 포함하는 낱말과 포함되는 낱말

아래 낱말 가운데 하나가 나머지 낱말들을 포함합니다. 그 낱말에 V표 하세요.

(1)

① 피자   ② 짬뽕   ③ 음식
④ 김밥   ⑤ 잡채

(2)

① 진달래   ② 해바라기   ③ 수선화
④ 장미   ⑤ 꽃

(3)

① 움직이다   ② 날다   ③ 달리다
④ 헤엄치다   ⑤ 걷다

(4)

① 국어사전   ② 한자 사전   ③ 사전
④ 속담 사전   ⑤ 영어 사전

(5)

① 원숭이   ② 동물   ③ 개
④ 코끼리   ⑤ 개미

2 글자의 짜임과 국어사전에 낱말이 실리는 차례

글자의 짜임

예) 종이

	첫 자음자	모음자	받침
종	ㅈ	ㅗ	ㅇ
이	ㅇ	ㅣ	

사전에서 찾을 때

첫 자음자부터 순서대로 찾습니다.

예) 종이

종이	ㅈ→ㅗ→ㅇ→ㅇ→ㅣ ① ② ③ ④ ⑤

아래 낱말을 사전에서 찾을 때 어떤 순서로 찾아야 하나요? 순서대로 쓰세요.

(1) 집   (   ) → (   ) → (   )

(2) 학교   (   ) → (   ) → (   ) → (   ) → (   )

(3) 도서관   (   ) → (   ) → (   ) → (   ) → (   ) →

(   ) → (   )

국어사전에서 자음과 모음을 찾는 순서입니다.

첫 자음자

ㄱ ㄲ ㄴ ㄷ ㄸ ㄹ ㅁ ㅂ ㅃ ㅅ ㅆ ㅇ ㅈ ㅉ ㅊ ㅋ ㅌ ㅍ ㅎ

모음자

ㅏ ㅐ ㅑ ㅒ ㅓ ㅔ ㅕ ㅖ ㅗ ㅘ ㅙ ㅚ ㅛ ㅜ ㅝ ㅞ ㅟ ㅠ ㅡ ㅢ ㅣ

받침

ㄱ ㄲ ㄳ ㄴ ㄵ ㄶ ㄷ ㄹ ㄺ ㄻ ㄼ ㄽ ㄾ ㄿ ㅀ ㅁ ㅂ ㅄ ㅅ ㅆ ㅇ
ㅈ ㅊ ㅋ ㅌ ㅍ ㅎ

아래 낱말을 국어사전에 실린 순서대로 적어 보세요.

(4)

친구   친척   책   충신   차례   차

(   ) → (   ) → (   ) →

(   ) → (   ) → (   )

(5)

기러기   토끼   노을   포도   눈물   도둑

(   ) → (   ) → (   ) →

(   ) → (   ) → (   )

3 형태가 바뀌는 낱말과 기본형

1. 낱말에는 〈이름을 나타내는 말〉, 〈움직임을 나타내는 말〉, 〈상태를 나타내는 말〉 등이 있습니다.

- 이름을 나타내는 말 : 동물, 동생, 하늘, 산
- 움직임을 나타내는 말 : 달리다, 가다, 먹다
- 상태를 나타내는 말 : 많다, 예쁘다, 높다

2. 〈이름을 나타내는 말〉은 글자 모양이 변하지 않기 때문에 사전에서 바로 그 낱말을 찾습니다.

3. 〈움직임을 나타내는 말〉과 〈상태를 나타내는 말〉은 문장 속에서 여러 모습으로 변합니다.

　　예) 먹었다, 먹으니, 먹어서, 먹으면, 먹고

이 낱말이 모두 사전에 있지는 않습니다. 따라서 기본형으로 찾아야 합니다.

4. 형태가 변하지 않는 부분에 '-다'를 붙여 기본형을 만듭니다.

낱말	형태가 바뀌지 않는 부분	형태가 바뀌는 부분	기본형
가고	가	고	㉮다
가니	가	니	변하지 않는
가면	가	면	부분 + '-다'

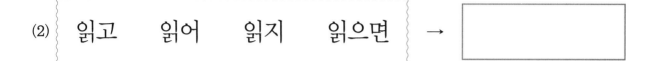
다음 낱말의 기본형을 빈칸에 쓰세요.

(1) 자니   자고   자서   자면   →   ⬜

(2) 읽고   읽어   읽지   읽으면   →   ⬜

(3) 없으니   없으면   없어서   →   ⬜

(4) 밟으니   밟아서   밟으면   →   ⬜

다음 낱말을 국어사전에 실린 순서대로 쓰세요.

(5)
읽다   자다   없다

부럽다   높다

(   ) → (   ) → (   )

→ (   ) → (   )

4 무슨 낱말일까요?

 빈칸에 알맞은 낱말을 넣어 문장을 완성하세요.

(1) 언니는 | 봉 | 사 | 활동을 많이 해서 학교에서 상을 받았다.

　　* 다른 사람을 위해 몸과 마음을 다하여 애쓰는 것.

(2) | 소 | 담 | 은 틀린 것이 하나도 없다.

　　* 예부터 사람들 사이에 전해 오는, 교훈이 담긴 짧은 말.

(3) 도적은 사람들에게 | 흠 | 씨 | 두들겨 맞았다.

　　* 매를 심하게 맞는 모양.

(4) 호영이는 | 이 | | 심 | 이 많아 친구들이 싫어한다.

　　* 자기의 이익만을 생각하는 마음.

(5) 미술관에 | 저 | 시 | 해 놓은 작품들이 모두 아름답다.

　　* 여러 물품을 한곳에 벌여 놓고 보게 하는 것.

(6) 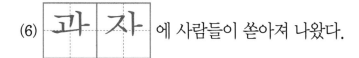 에 사람들이 쏟아져 나왔다.

* 많은 사람이 모일 수 있게 거리에 만들어 놓은 넓은 곳.

(7) 놀부가  해서 흥부는 슬펐다.

* 매우 차갑게 대함.

(8) 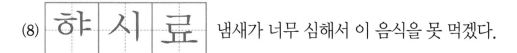 냄새가 너무 심해서 이 음식을 못 먹겠다.

* 음식을 만들 때, 음식의 향기나 매운 맛을 더하기 위해 넣는 조미료.

(9) 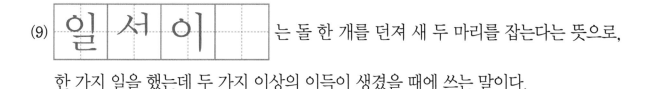 는 돌 한 개를 던져 새 두 마리를 잡는다는 뜻으로,

한 가지 일을 했는데 두 가지 이상의 이득이 생겼을 때에 쓰는 말이다.

(10) 어머니께서 고추장을 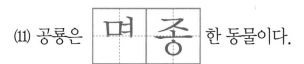 에 담아 식탁 위에 올려놓으셨다.

* 간장이나 고추장을 담아 놓는 작은 그릇.

(11) 공룡은 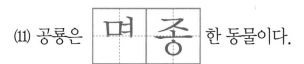 한 동물이다.

* 생물의 한 종류가 완전히 없어짐.

5 무슨 뜻일까요?

밑줄 친 낱말의 알맞은 뜻을 찾아 번호를 쓰세요.

(1) 할머니는 요즈음 눈이 <u>침침하다고</u> 말씀하신다.　　　　　(　)

　　① 눈이 어두워 물건이 똑똑히 보이지 않는다고.

　　② 예전보다 눈이 좋아졌다고.

(2) 윤지가 사탕을 건넸지만 성우는 <u>사양</u>했다.　　　　　(　)

　　① 고맙다고 인사하는 것.

　　② 상대방의 말에 겸손하게 거절하는 것.

(3) 이 절벽은 바닷물의 <u>침식</u> 작용으로 만들어졌다.　　　　　(　)

　　① 물이나 바람이 땅이나 바위 따위를 깎아 내리는 일.

　　② 물이나 바람이 몰고 와 흙, 돌멩이 등을 쌓는 일.

(4) 잔에 담겨 있던 물이 모두 <u>증발</u>하였다.　　　　　(　)

　　① 어떤 물질이 액체에서 기체로 변하는 것.

　　② 어떤 물질이 기체에서 액체로 변하는 것.

(5) 돼지는 <u>포유동물</u>이다.　　　　　(　)

　　① 새끼를 낳아 젖으로 기르는 동물.

　　② 아무것이나 잘 먹는 동물.

(6) 옛날에는 아기를 낳으면 대문에 <u>금줄</u>을 매어 놓았다. (　　)

　① 나쁜 기운이 들어오지 못하도록 문에 매어 놓은 새끼줄.

　② 금색으로 칠한 새끼줄.

(7) 할머니께서 메주를 커다란 <u>함지박</u>에 담으셨다. (　　)

　① 항아리를 다르게 부르는 말.

　② 통나무 속을 파서 큰 바가지같이 만든 그릇.

(8) 식탁에 <u>다채로운</u> 음식이 놓여 있었다. (　　)

　① 마음이 흐뭇할 정도로 양이 많은.

　② 빛깔이나 종류가 다양한 물건들이 한데 어울려 화려한.

(9) 명호는 그 약속을 <u>하찮게</u> 생각했다. (　　)

　① 중요하지 않게.

　② 아주 중요하게.

(10) 외삼촌은 얼마 전에 <u>적도</u> 지방에 다녀오셨다. (　　)

　① 지구에서, 남극과 북극의 가운데 지역. 지구에서 가장 덥다.

　② 지구의 북쪽과 남쪽 끝 지역. 지구에서 가장 춥다.

(11) 그 탐험대는 <u>협곡</u>에서 길을 잃었다. (　　)

　① 험하고 좁은 골짜기.

　② 깊은 산속.

6 반대말

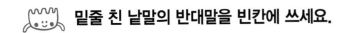 밑줄 친 낱말의 반대말을 빈칸에 쓰세요.

(1)
우산이 너무 <u>높은</u> 곳에 있어서 꺼내기 힘들었다.

신발이 | 낮 | | 곳에 있어서 허리를 굽혔다.

(2)
영국인들은 흑인 노동자들을 <u>차별</u>했다.

우리는 피부 빛깔이 다른 사람들도 | 평 | 드 | 하게 대해야 한다.

(3)
그 사람들은 늘 <u>고향</u>을 그리워한다.

노인은 고향을 떠나 | 타 | 향 | 에 살고 있었다.

(4)
<u>슬픔</u>을 함께 나누어야 진짜 친구다.

| 기 | | 은 함께 나눌수록 더 커진다.

(5)
1976년 미국의 바이킹 우주선이 화성에 <u>착륙</u>했다.

우리가 탄 비행기가 | 이 | | 해 하늘을 날고 있다.

7 '햇볕'과 '햇빛'

다음 두 낱말의 풀이를 읽고, 알맞은 낱말에 동그라미 하세요.

햇볕	: 해의 따뜻한 기운.
햇빛	: 해의 밝은 빛.

(1) 어머니께서 빨래를 (햇볕 / 햇빛)에 말리셨다.

(2) 커튼을 쳐서 (햇볕 / 햇빛)을 가리니 방이 어두워졌다.

매다	: 끈이나 줄의 두 끝을 엇갈리게 걸고 잡아당기다.
메다	: 어깨에 걸치거나 올려놓다.

(3) 소매치기가 많아 가방을 앞으로 (매고 / 메고) 다녔다.

(4) 신발 끈을 꽉 (매었다 / 메었다).

잃어	: 가졌던 물건이 자신도 모르게 없어져.
잊어	: 알았던 것을 기억하지 못해.

(5) 이모가 사 주신 장난감을 (잃어 / 잊어)버렸다.

(6) 유치원 친구들의 이름을 (잃어 / 잊어)버렸다.

8 바르게 쓰기

(1) 장독 위에 눈이 ⌈ 소복이 / 소복히 ⌋ 쌓였다.

(2) 선물을 드리자 어머니께서 ⌈ 흐뭇한 / 흐뭇한 ⌋ 미소를 지으셨다.

(3) ⌈ 태양게 / 태양계 ⌋ 의 중심에는 태양이 있다.

(4) 이 나무는 ⌈ 숫한 / 숱한 ⌋ 고난을 견디며 살아왔다.

   * 아주 많은.

(5) 인간은 ⌈ 엄연히 / 엄연이 ⌋ 동물에 속한다.

   * 아무도 아니라고 할 수 없을 만큼 분명하게.

(6) 탐사선이 화성의 ⌈ 궤도 / 괘도 ⌋ 에 진입했다.

제 8 과 이런 제안 어때요

1 해설

> 해설(解說) : 문제나 사건의 내용 등을 자세하고 알기 쉽게 풀어 말해
> 주는 것.
>
> └→ '말', '이야기'라는 뜻.
>
> 예) 이 책은 해설이 잘되어 있다.

다음 설명을 읽고 '설'이 들어가는 낱말을 빈칸에 쓰세요.

(1) 모르는 문제를 선생님께서 자세히 ☐ 며 해 주셨다.

  * 어떤 내용을 상대방이 잘 알 수 있도록 자세히 말해 주는 일.

(2) 제안하는 글을 통해 상대방을 ☐ 드 할 수 있어야 한다.

  * 상대방이 나의 이야기를 따르도록 말하는 일.

(3) 나는 주장하는 글을 써 여러 사람 앞에서 여 ☐ 을 했다.

  * 여러 사람 앞에서 자기의 주장을 펴 이야기하는 일.

(4) 저 ☐ 로 내려오는 호랑이 이야기가 많다.

  * 옛날부터 사람들 사이에서 전해 내려오는 이야기.

2 무슨 낱말일까요?

빈칸에 알맞은 낱말을 넣어 문장을 완성하세요.

(1) 나는 다리가 아프신 할아버지께  를 선물해 드렸다.

　　* 걸을 때에 도움을 얻기 위하여 짚는 막대기.

(2) 옛날에는  에서 물을 길어 먹었다.

　　* 물을 푸기 위하여 땅을 파 지하수를 고이게 한 곳.
　　* 길어(긷다): 두레박이나 바가지 등으로 물을 퍼 담아.

(3) 집에 불이 난 친구를 위해 우리 반 모든 학생이 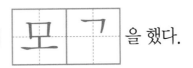 을 했다.

　　* 어떤 일을 도와주기 위해 돈을 모으는 일.

(4) 학교 앞에서 오토바이가  으로 달리다 강아지를 치었다.

　　* 법으로 정한 것보다 빠른 속도.

(5) 민호가 팔에 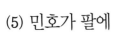 를 감고 학교에 왔다.

　　* 상처 등에 감는 소독한 헝겊.

(6) 요즈음 교통사고가 꾸준히 늘어나는 다.

   * 어떤 사건이 일정한 방향으로 나아가는 상태.

(7) 정답을 쉽게 얻으면 이 오래 가지 않는다.

   * 교육이나 경험 또는 연구를 통해 알게 되는 모든 것.

(8) 선생님께서 이 낱말을 잘 외우라고 하셨다.

   * 어떤 부분을 특별히 강하게 주장함.

(9) 효준이는 1 나 되는 우유를 한 번에 다 마셨다.

   * 4℃의 물 1㎏의 부피. 기호는 L.

(10) 어머니께서 교통질서를 지키자는 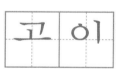광고를 만드셨다.

   * 사회 전체를 위한 이익.

(11) 아버지께서 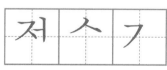를 사 오셨다.

   * 물을 마실 수 있게 깨끗이 해 주는 기계.

3 제안하는 글

다음 글을 읽고 물음에 답하세요.

> 어떤 문제를 해결하기 위해 의견을 쓴 글을 '제안하는 글'이라고 합니다. 예를 들어 학교 앞에서 교통사고가 자주 일어나, 사고를 줄이기 위해 의견을 썼다면 그것이 바로 '제안하는 글'입니다. 보통 '제안하는 글'에는 '문제 상황', '제안하는 내용', '제안하는 까닭' 이렇게 세 부분을 씁니다.

(1) 아래의 문장들이 제안하는 글의 세 부분 가운데 어느 것인지 적으세요.

① 며칠 전에 학교 앞 건널목에서 우리 반 친구가 교통사고로 다쳤다.

_____

② 신호등 신호를 잘 지키자.

_____

③ 그래야 교통사고를 막을 수 있다.

_____

(2) 밑줄 친 '자주'의 반대말을 쓰세요.

4 문장의 형식

우리말 문장은 형식이 다양합니다.

① 무엇이 / 어찌하다.　　　② 무엇이 / 무엇을 어찌하다.

③ 무엇이 / 어떠하다.　　　④ 무엇이 / 무엇이다.

다음 문장을 위처럼 빗금(/)으로 나누고, 몇 번에 해당하는지 번호를 쓰세요.

나는 / 피아노를 친다. (②)

(1) 이것은 연필이다. 　　　　　　　　　　　(　)

(2) 누나가 잔다. 　　　　　　　　　　　　　(　)

(3) 꽃이 예쁘다. 　　　　　　　　　　　　　(　)

(4) 동민이가 노래를 부른다. 　　　　　　　　(　)

(5) 저 나무는 크다. 　　　　　　　　　　　　(　)

(6) 제비 한 마리가 날아간다. 　　　　　　　　(　)

5 바르게 쓰기

(1) 나는 어떤 의견을 제안할지 〔 곰곰이 / 곰곰히 〕 생각해 보았다.

(2) 꽃밭에 〔 쓰레기 / 쓰래기 〕 를 버리지 말자.

(3) 수업 시간에 떠들지 〔 안으면 / 않으면 〕 좋겠다.

(4) 오늘은 하늘이 맑고 〔 푸르다 / 푸루다 〕.

(5) 나는 종이에 의견을 써서 교실 뒤에 〔 붙였다 / 부쳤다 〕.

(6) 그 친구가 전학을 오고 〔 몇일 / 며칠 〕 지나지 않았다.

6 '딴전'과 '딴생각'

😊 다음 낱말 풀이를 읽고, 괄호 안에 알맞은 낱말을 쓰세요.

딴전	: 어떤 일을 하는 데에 그 일과는 전혀 관계없는 일이나 행동.
딴생각	: 주의를 기울이지 않고 다른 데로 쓰는 생각.

(1) 정호는 공부를 하다가 (   )이 떠오르면 머리를 흔들었다.

(2) 민호는 밥은 안 먹고 (   )을 부리다 어머니께 혼이 났다.

울상	: 금방이라도 울음을 터뜨릴 것 같은 표정.
밉상	: 미운 얼굴이나 행동. 또는 미운 행동을 하는 사람.

(3) 꼬마는 아이스크림을 땅에 떨어뜨리고 (   )이 되어 엄마를 바라보았다.

(4) 영재는 얼굴은 잘생겼지만 장난이 심해 (   )이다.

철물	: 쇠로 만든 여러 물건.
고물	: 오래되거나 낡은 물건.

(5) 한동안 타지 않아 아버지의 자전거는 (   )이 되었다.

(6) 그 상자 안에는 철사, 나사 등 여러 (   )이 들어 있다.

7 무슨 뜻일까요?

밑줄 친 낱말의 알맞은 뜻을 찾아 번호를 쓰세요.

(1) 아버지께서 어려운 사람들을 위해 기부를 하셨다.   (   )

    ① 어떤 일에 도움을 줄 목적으로 돈이나 물건을 내놓는 일.

    ② 어떤 일에 도움을 줄 목적으로 애쓰는 일.

(2) 네가 그런 말을 하는 근거는 무엇이니?   (   )

    ① 이유나 까닭.

    ② 목적.

(3) 어느 날, 그 사람이 허름한 옷을 입고 나타났다.   (   )

    ① 깨끗하고 멋진.

    ② 낡고 지저분한.

(4) 네 제안을 간략하게 말해 보거라.   (   )

    ① 길고 자세하게.

    ② 간단하고 짧게.

(5) 동생은 갑자기 울부짖기 시작했다.   (   )

    ① 큰 소리로 화내기.

    ② 마구 울면서 큰 소리를 내기.

8 낱말 뜻풀이

🐱 빈칸에 알맞은 말을 넣어서 밑줄 친 낱말의 뜻을 풀이하세요.

(1) 이 물은 오염되어 먹을 수 없다.

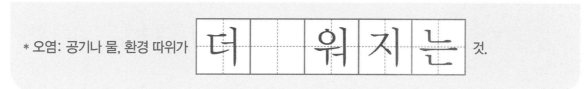

* 오염: 공기나 물, 환경 따위가 [더] [   ] [워] [지] [는] 것.

(2) 우리나라는 물 부족 국가다. 물을 낭비하지 말자.

* 낭비: [   ] [껴] 쓰지 않고 함부로 씀.

(3) 네가 제시한 의견은 매우 좋다.

* 제시: 말이나 [ㄱ] 로 의견을 나타냄.

(4) 이런 일은 비단 우리 학교만의 일이 아니다.

* 비단: 오직, [다] [지] 와 같은 뜻.

(5) 복도에 안전 거울을 설치해 주세요.

* 설치: [ㅁ] [련] 하여 갖춤.

9 같은 모양, 다른 뜻

글자의 모양이나 소리는 같지만 뜻이 다른 낱말이 있습니다. 이런 낱말을 빈칸에 알맞게 쓰세요.

(1)

① 어제는 어머니와 옷가게에 가서 바지 한 (   )을 샀다.

    * 옷을 세는 단위.

② 선생님은 한 번만 더 장난치면 (   )을 준다고 하셨다.

    * 잘못하거나 죄를 지은 사람에게 주는 고통.

(2)

① 형은 감기에 걸려서 (   )을 먹고 잠이 들었다.

    * 병이나 상처를 고치거나 예방하기 위해 먹거나 바르거나 주사하는 것.

② 정수가 나를 놀리고 도망가서 (   )이 올랐다.

    * 화가 나서 분한 감정.

(3)

① 정원에 풀이 몇 (   ) 자라지 않았다.

    * 뿌리가 달려 있는 채로 살아 있는 풀 한 개나 뭉치.

② 여기까지 와서 (   )할 수는 없다.

    * 하려던 일을 그만두어 버리는 것.

(4)

① 그는 시골 서당에서 (   ) 노릇을 하며 지낸다.

    * 옛날에 글방에서 한문을 가르치던 선생.

② 아버지는 나라에 공을 세워 (   )을 받으셨다.

    * 나라에 큰 공을 세운 사람한테 주는, 가슴에 다는 물건.

10 띄어쓰기

 괄호 안의 띄어쓰기 횟수를 참고하여, 띄어야 할 부분에 ∨ 표를 하세요.

(1) 날씨가따뜻해졌습니다.(1)

(2) 하늘에무지개가떴습니다.(2)

(3) 우리모두운동을합시다.(3)

(4) 누구나건강을지킬수있습니다.(4)

(5) 물은사람이살아가는데매우중요합니다.(5)

 괄호 안의 횟수에 맞게 띄어서 원고지에 옮겨 쓰세요.

(6) 지난주에나는동생과함께집앞꽃밭에꽃을심었다.(8)

| | | | | | | | | | | 집 | |
| | | | | | | | | | | | 다. |

11 십자말풀이

😊 **가로 열쇠와 세로 열쇠를 잘 읽고, 빈칸을 채우세요.**

(1) 낭	(2)		(3)	(4)
	(5)	(6)		
		(7)		

가로 열쇠

(1) 시나 문장을 소리 내어 읽는 것.

(3) 땅의 생김새를 줄여서 나타낸 그림.

(5) 물고기가 몸을 바로잡고 헤엄치는 데에 쓰는 몸의 한 부분.

(7) 소리 없이 가늘게 내리는 비.

세로 열쇠

(2) 소의 새끼.

(4) 도움을 주는 사람.

(6) 움직임이 느린 사람이나 동물. '○○○ 거북'

제 9 과 자랑스러운 한글

1 태평

> 태평(太平) : 나라가 안정되어 아무 걱정 없이 평안한 상태.
>
> → '크다'는 뜻.
>
> 예) 왕이 바뀌니 세상이 <u>태평</u>해졌다.

아래 설명을 읽고 '태'자가 들어간 낱말을 쓰세요.

(1) 　　　　| 야 |　 이 지자 세상이 어두워졌다.

　　* '해' 와 같은 뜻.

(2) 바람이 불자 　|　| ㄱ | ㄱ |　 가 휘날렸다.

　　* 우리나라의 국기.

(3) 세계에서 가장 큰 바다는 　|　| 펴 | 야 |　 이다.

　　* 아시아, 오세아니아, 남북아메리카 대륙에 둘러싸인 바다.

(4) 왕의 자리를 물려받을 왕자를 세자 또는 　|　| ㅈ |　 라 했다.

2 무슨 낱말일까요?

설명을 읽고, 빈칸에 알맞은 낱말을 넣어 문장을 완성하세요.

(1) 임금이 갑자기 쓰러졌다는 소식을 듣고 | 어 | 의 | 가 황급히 달려왔다.

    * 옛날에, 임금의 병을 치료하던 의사.

(2) 해가 저무니 | 만 | 물 | 에 어둠이 내려앉았다.

    * 세상에 있는 모든 것.

(3) 'ㄱ'에 한 | 획 | 을 더하면 'ㅋ'이 된다.

    * 글씨나 그림에서 붓이나 연필로 한 번 그은 줄이나 점.

(4) 그 청년은 | 과 | 거 | 에 합격하여 관리가 되었다.

    * 옛날에 관리를 뽑기 위해 치르던 시험.
    * 관리: 시험에 합격하여 공무원이 된 사람.

(5) 그 시인은 세상을 | 두 | 루 | 돌아다니며 사람들을 많이 만났다.

    * 빠짐없이 골고루.

(6) 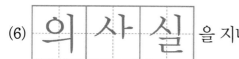 을 지나 모퉁이를 돌아서면 우리 집이다.

　　　　* 여자들의 옷을 지어 파는 곳.

(7) 영어나 한자로 쓴 ┌가│파┐ 보다 한글로 된 것이 더 예쁘고, 의미를 더 잘 전

달한다.

　　　　* 가게 이름을 써서 밖에 내건 표시.

(8) 세상의 모든 나라가 자기 나라 ┌무│ス┐ 를 쓰고 있지는 않다.

　　　　* 말을 눈으로 읽을 수 있게 만든 기호.

(9) 세월이 지나면서 ┌아│가│화┐ 가 흐릿해졌다.

　　　　* 바위에 새긴 그림.

(10) 농부들이 한자를 몰라, 한자로 적은 농사 책이 ┌제│　│실┐ 을 못했다.

　　　　* 자기가 마땅히 해야 할 일이나 책임.

(11) 어부는 자신의 ┌어│우│한┐ 사연을 고을 원님에게 말했다.

　　　　* 잘못이 없는데도 꾸중을 듣거나 벌을 받아 답답한.

3 낱말 뜻풀이

빈칸에 알맞은 말을 넣어서 밑줄 친 낱말의 뜻을 풀이하세요.

(1) 세종 대왕은 명나라에 가는 <u>사신</u>들에게 말소리 연구에 관한 책을 구해 오라고 했다.

* 사신: 임금의 명령으로 외국에 심부름을 가던 시ㅎ.

(2) "<u>과인</u>이 관심을 둔 학문이 어찌 한두 가지요?"

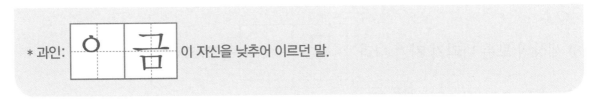

* 과인: ㅇ금이 자신을 낮추어 이르던 말.

(3) 우리는 지구에서 가장 훌륭한 글자인 한글을 사용한다는 <u>자부심</u>을 가져야 한다.

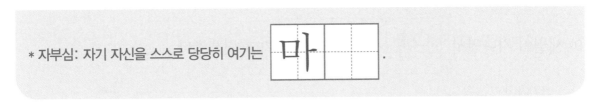

* 자부심: 자기 자신을 스스로 당당히 여기는 마.

(4) 우리나라는 배우고 쓰기 쉬운 한글을 갖고 있어 다른 나라들보다 <u>문맹률</u>이 낮다.

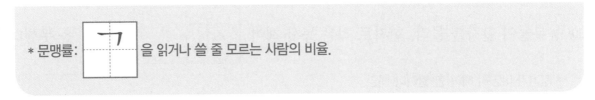

* 문맹률: ㄱ을 읽거나 쓸 줄 모르는 사람의 비율.

(5) 기본 자음자에 획을 더 그어 <u>거센소릿자</u>를 만든다.

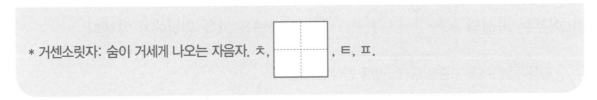

* 거센소릿자: 숨이 거세게 나오는 자음자. ㅊ, , ㅌ, ㅍ.

(6) 기본 자음자를 겹쳐 써 <u>된소릿자</u>를 만든다.

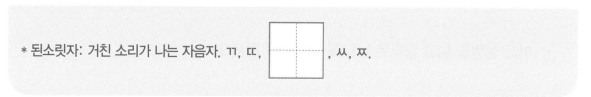

* 된소릿자: 거친 소리가 나는 자음자. ㄲ, ㄸ, [　　], ㅆ, ㅉ.

(7) 세종 대왕은 신하들과 함께 한글을 <u>창제</u>하셨다.

* 창제: 전에 없었던 것을 [ㅊ ㅇ]으로 만드는 것.

(8) 세종 대왕은 효자, 효녀들에 관한 책을 써서 사람들이 <u>효행</u>을 실천하도록 했다.

* 효행: [ㅂ ㅁ]를 잘 섬기는 일.

(9) 동생은 도화지 위에 한글을 <u>끼적였다</u>.

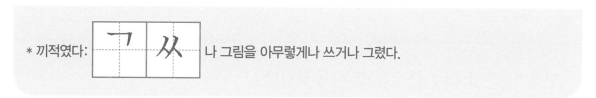

* 끼적였다: [ㄱ ㅆ] 나 그림을 아무렇게나 쓰거나 그렸다.

(10) 한글 자음자는 <u>발음</u> 기관을 본떠서 기본 문자를 만들었다.

* 발음: [ㅁ ㅅ ㄹ]를 내는 것.

(11) 주시경은 늘 <u>두루마기</u>를 입고 다녔다.

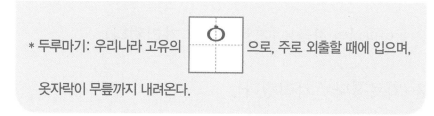

* 두루마기: 우리나라 고유의 [ㅇ]으로, 주로 외출할 때에 입으며,

옷자락이 무릎까지 내려온다.

4 '큰 집'과 '큰집'

> 큰 집 : 커다란 집.
>
> 큰집 : 집안의 맏이가 사는 집.

(1) 우리 가족은 설날에 (큰 집 / 큰집)에 가서 제사를 지낸다.

(2) 저기 저 (큰 집 / 큰집) 주인은 누구지?

> 큰 소리 : 목소리가 큰.
>
> 큰소리 : 남 앞에서 잘난 체하며 사실 이상으로 과장하여 하는 말.

(3) 민호가 (큰 소리 / 큰소리)로 나를 불렀다.

(4) 민정이는 자기 집에 금송아지가 있다고 (큰 소리 / 큰소리)를 쳤다.

> 가르치다 : 지식이나 기능 등을 알게 하다.
>
> 가리키다 : 손가락 등으로 방향을 알리다.

(5) 주시경 선생은 전국을 돌아다니며 한글을 (가르쳤다 / 가리켰다).

(6) 주시경 선생이 칠판을 (가르쳤다 / 가리켰다).

😊 **맞게 쓴 것에 동그라미 하세요.**

밖	: 바깥. '안'의 반대말. 앞말과 띄어 쓴다.
밖에	: 그것 말고는, 그것 이외에는. 앞말과 붙여 쓴다.

(7) ① 공부를 두 시간밖에 안 했다.　　　　　　　　　(　　)

　　② 공부를 두 시간 밖에 안 했다.　　　　　　　　(　　)

(8) ① 공부를 하고 밖에 나갔다.　　　　　　　　　　(　　)

　　② 공부를 하고밖에 나갔다.　　　　　　　　　　(　　)

😊 **괄호 안에 알맞은 낱말을 쓰세요.**

음성	: 사람의 말소리.
음소	: 낱말의 의미를 구별하는, 소리의 최소 단위. '살'과 '쌀'의 의미가 다른 것은, 'ㅅ'과 'ㅆ'이라는 음소가 다르기 때문이다.
음절	: 하나의 완성된 소리를 내는, 말의 단위. 학교는 '학'과 '교'라는 음절로 이루어졌다.

(9) '산'과 '손'의 의미가 다른 것은, 'ㅏ'와 'ㅗ'라는 (　　　　　　)가 다르기 때문이다.

(10) 선희는 겁에 질린 (　　　　　　)으로 엄마를 불렀다.

(11) 한글은 자음자와 모음자 스물넉 자만 알면 수많은 (　　　　　　)을 만들 수 있다.

5 꾸미는 말

다음 문장에 알맞은 말을 찾아 쓰세요.

(1) 가게에 불이 난 모습을 보고 주인은 [   ] 주저앉았다.

      * 힘없이 넘어지거나 주저앉는 소리나 모양.

(2) 세종은 어린 시절부터 [   ] 책을 많이 읽어 누구보다 생각이

깊었다.

      * 두드러지게 아주.

(3) 친구들이 시끄럽게 떠들어도 수영이는 [   ] 책을 읽었다.

      * 말없이 조용히.

(4) [   ] 생각해 보니 그것은 나의 잘못이다.

      * 여러모로 깊이 생각하는 모양.

(5) 그 실수로 나무꾼은 [   ] 눈을 뜨지 못하게 되었다.

      * 영원히 언제까지나.

보기   묵묵히   곰곰이   영영

워낙   철퍼덕

6 바르게 쓰기

문장을 읽고 밑줄 친 말을 바르게 고쳐 쓰세요.

(1) 네가 알고 있는 한글의 우수성을 <u>구채적으로</u> 말해 보거라.

   * 사실적으로 자세하게.

(2) 세종은 새 문자 만드는 것을 비밀에 <u>붙였다</u>.

(3) 새 문자 만드는 것을 안다면 신하들이 벌 <u>때</u>처럼 들고 일어날 것이다.

(4) 한글은 소리와 문자가 서로 <u>체개적으로</u> 연결된 과학적 문자다.

   * 원리에 따라서 짜임새 있게.

(5) 내가 한 문장을 읽을 테니 너는 따라 <u>을프려무나</u>.

   * 소리를 내어 외우려무나.

(6) 주시경의 그때 나이는 <u>열여덜</u>이었다.

7 비슷한말, 반대말

밑줄 친 낱말의 비슷한말 또는 반대말을 써서 문장을 완성하세요.

(1)
우리는 한국인이라는 것에 <u>자부심</u>을 느껴야 한다.

영호는 독립운동가의 후손이라는 비 그 지 를 느끼며 산다.

(2)
세종 대왕께서 한글을 만드신 <u>덕분</u>에 우리는 쉽게 글자를 익힐 수 있다.

잘 몰랐던 문제를 네 비 ☐ 택 에 풀 수 있었다.

(3)
한자는 배우고 익히기가 <u>어렵다</u>.

한글은 배우고 익히기가 반 ☐ ☐ .

(4)
전학 온 지영이에게 우리 반 친구들은 <u>관심</u>이 많다.

큰 소리로 지영이를 불렀지만 지영이는 반 ☐ 관 ☐ 한 듯 창

밖만 바라보고 있었다.

(5)
주시경은 그 학교에 <u>입학</u>했다.

우리 형은 어제 우리 학교를 반 ☐ 업 했다.

8 원고지 쓰기

다음 문장을 괄호 안의 횟수만큼 띄워서 원고지에 옮겨 쓰세요.

(1) 주시경은1876년12월22일황해도봉산에서태어났다.(6)

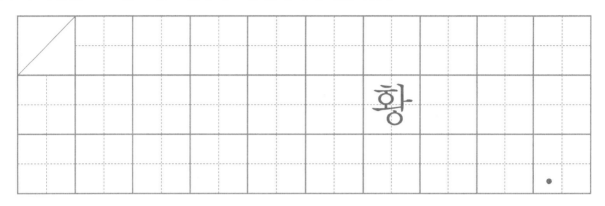

(2) 1894년열아홉살이된주시경은배재학당에갔다.(6)

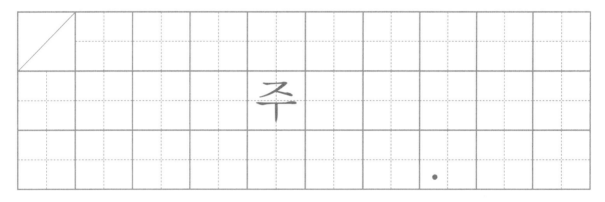

(3) 세종은오랜시간묵묵히연구했다.(4)

(4) 이 지구상에는 매우 많은 언어가 존재한다. (5)

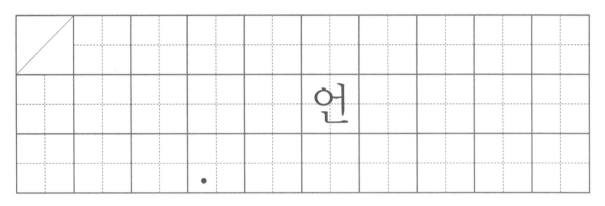

(5) 한글은 컴퓨터나 휴대전화 등 기계화에 적합한 문자다. (7)

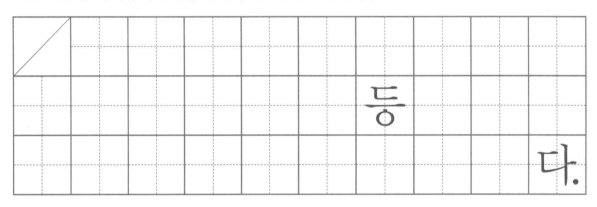

(6) 세종은 새 문자를 만드는 일을 비밀에 부쳤다. (6)

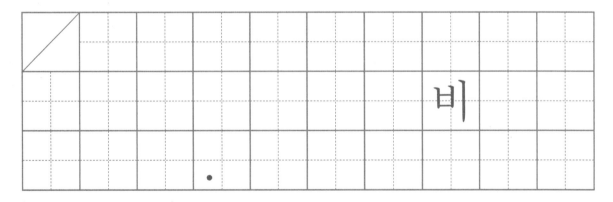

1 동물

그림과 설명을 보고, 동물의 이름을 알맞게 찾아 쓰세요.

(1)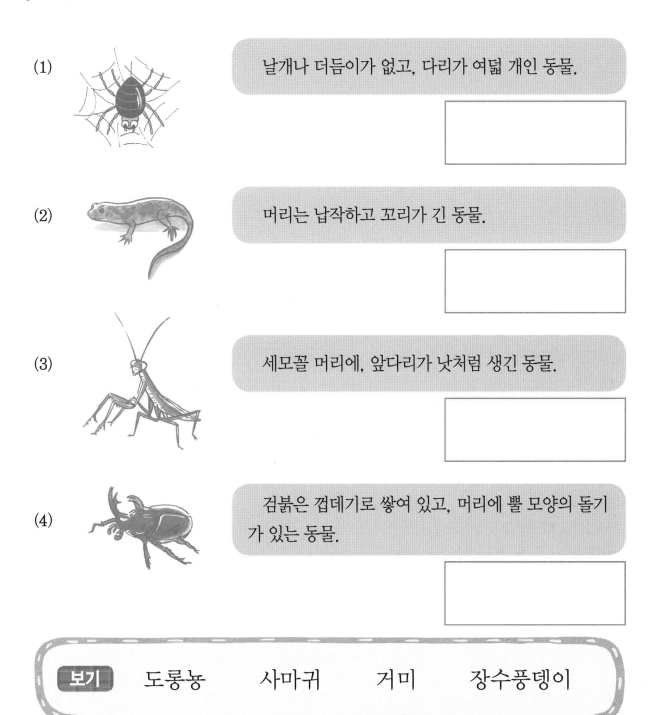

날개나 더듬이가 없고, 다리가 여덟 개인 동물.

(2)

머리는 납작하고 꼬리가 긴 동물.

(3)

세모꼴 머리에, 앞다리가 낫처럼 생긴 동물.

(4)

검붉은 껍데기로 쌓여 있고, 머리에 뿔 모양의 돌기가 있는 동물.

보기 도롱뇽   사마귀   거미   장수풍뎅이

2 무슨 낱말일까요?

문장을 읽고, 빈칸에 들어갈 낱말을 알맞게 쓰세요.

(1) 자라는 토끼를 | 요 | 구 | 으로 데려 갔다.

  * 바닷속에 있다고 하는, 용왕(바닷속 임금)의 궁전.

(2) 어머니는 | ㅁ | ㄹ | 에 앉아 빨래를 개셨다.

  * 집 안의 방과 방 사이에 나무판을 깔아 놓은 곳.

(3) 할머니는 | ㅇ | ㅊ | 를 타고 서울에 올라오셨다.

  * 여러 칸을 길게 이어 놓은 기차.

(4) 동생은 닭이 우는 소리를 | 시 | 가 | 나게 흉내 낸다.

  * 실제로 해 보는 것 같은 느낌.

(5) 은호야, | 하 | ㅇ | 리 | 에서 고추장 좀 퍼 오너라.

  * 아래위가 좁고 배가 부르게 흙으로 빚은 그릇.

(6) 재민이는 그림을 그린 뒤, 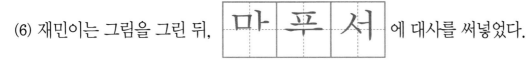 에 대사를 써넣었다.

* 만화에서, 주고받는 대사를 써넣은 그림.

(7) 용규는 춤을 추다 바지가 찢어져서 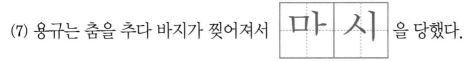 을 당했다.

* 말이나 행동을 잘못해서 창피를 당하는 일.

(8) 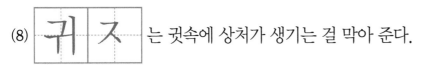 는 귓속에 상처가 생기는 걸 막아 준다.

* 귓구멍 속에 낀 때.

(9) 우리는 경찰 아저씨의  에 따라 길을 건넜다.

* 소리, 몸짓, 기호 등으로 뜻을 알리는 것.

(10) 왕자는  에 걸려 개구리가 되었다.

* 이상한 힘으로 신기한 일을 하는 기술.

(11) 영훈이의 말은  이 심해서 믿을 수가 없다.

* 실제보다 크게 부풀리는 것.

3 사람

다음 설명을 읽고, '원'과 '대'가 들어가는 낱말을 빈칸에 쓰세요.

회사원(會社員) : 회사에서 일하는 사람.

'사람'이라는 뜻.

예) 국회의원, 연구원.

(1) 학습을 위해 몇 명씩 묶은 모임에 속한 사람.

ㅁ	두	

(2) 국가나 지방 공공 단체의 일을 맡아 하는 사람.

고	ㅁ	

농악대(農樂隊) : 풍물놀이를 하는 사람들의 무리.

'사람들', '집단'이라는 뜻.

예) 군대, 음악대.

(3) 위험을 무릅쓰고 무엇을 살피고 조사하는 사람들.

타	허	

(4) 위험에 빠진 사람을 구하는 사람들의 집단.

ㄱ	ㅈ	

4 병원

병원과 관련 있는 낱말입니다. 괄호 안에 들어갈 낱말을 빈칸에 쓰세요.

(1) 밥을 급하게 먹어서 ( )했다.

* 먹은 음식이 잘 소화되지 않는 증상.

ㅊ

(2) ( )를 먹었더니 이제 배가 다 나았다.

* 먹은 음식물이 잘 분해되어 내려가도록 돕는 약.

ㅅ	화	ㅈ

(3) ( )이 지난 음식을 먹으면 배탈이 날 수 있다.

* 식품을 팔 수 있는 시기를 정해 놓은 것.

유	토	기한

(4) 약을 먹기 전에 꼭 ( )를 읽어야 한다.

* 사용법을 설명한 글.

서	며	서

(5) 화학 제품에 ( )이 되면 얼른 병원에 가야 한다.

* 음식물이나 약물의 독성 때문에 몸이 상하는 일.

주	도

(6) 구급대원이 환자에게 ( )를 하고 있다.

* 갑작스러운 병이나 사고로 인한 고비를 넘기기 위해 임시로 하는 치료.

응급	ㅊ	ㅊ

5 낱말을 바꾸어요

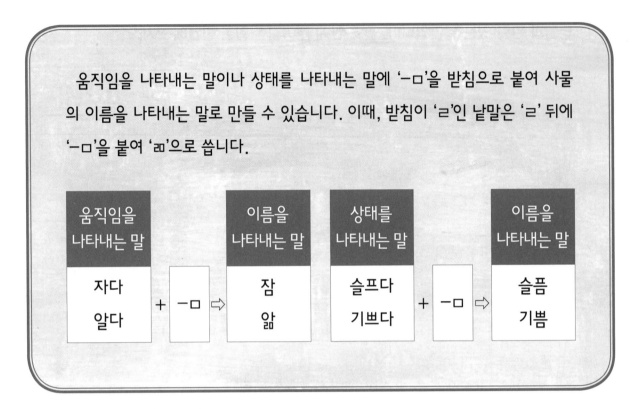

움직임을 나타내는 말이나 상태를 나타내는 말에 '-ㅁ'을 받침으로 붙여 사물의 이름을 나타내는 말로 만들 수 있습니다. 이때, 받침이 'ㄹ'인 낱말은 'ㄹ' 뒤에 '-ㅁ'을 붙여 'ㄻ'으로 씁니다.

움직임을 나타내는 말		이름을 나타내는 말	상태를 나타내는 말		이름을 나타내는 말
자다 알다	+ -ㅁ ⇨	잠 앎	슬프다 기쁘다	+ -ㅁ ⇨	슬픔 기쁨

다음 낱말을 이름을 나타내는 말로 바꾸어 쓰세요.

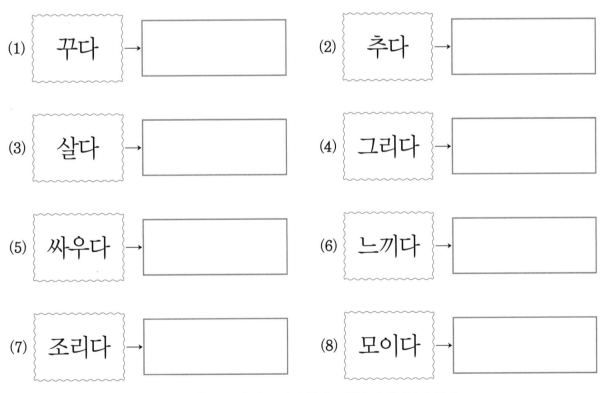

(1) 꾸다 →

(2) 추다 →

(3) 살다 →

(4) 그리다 →

(5) 싸우다 →

(6) 느끼다 →

(7) 조리다 →

(8) 모이다 →

* 조리다: 고기나 생선, 채소 등을 국물에 넣고 바짝 끓여서 양념이 배어들게 하다.

6 준말

 낱말의 한 부분을 줄여서 나타낸 것을 '준말'이라고 해요. 밑줄 친 낱말을 원래의 모습 (본딧말)으로 바꾸어 쓰세요.

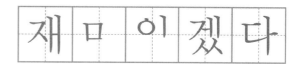

선물을 책상 위에 놔뒀다. (준말)

→ 놓아두었다 (본딧말)

(1) 우와! 저 놀이기구 정말 재밌겠다!

재	ㅁ	이	겠	다

(2) 모르는 게 약이다.

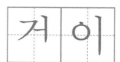

거	이

(3) 이제 뭘 해야 할까요?

ㅁ	어	을

(4) 제비가 떨어져서 다리를 다쳤다. 어떡해!

어	떠	ㄱ		해

7 꾸미는 말

낱말과 뜻을 바르게 연결한 뒤, 빈칸에 알맞은 낱말을 넣어 문장을 완성하세요.

(1) 대체 •   • 보통보다 훨씬 더.

(2) 순전히 •   • 제 스스로.

(3) 저절로 •   • 아주 궁금하여 묻는데.

(4) 겁나 •   • 다른 것은 말고 오로지.

(5) 호동이는 밥을 [   ] 많이 먹는다.

(6) 너는 [   ] 어디 있다 이제야 오는 거니?

(7) 얼음을 냉장고에서 꺼내어 놓으면 [   ] 녹아 없어진다.

(8) 우리가 지금껏 잘 살고 있는 것은 [   ] 부모님 덕분이다.

8 바르게 쓰기

밑줄 친 낱말을 바르게 고쳐 쓰세요.

(1) 방학이 시작되고 이튿날, 소민이는 시골로 내려갔다.

(2) 소희는 가방에 토끼 인형을 메달아 놓았다.

(3) 넌 아무 데서나 방귀를 뀌는 것이 챙피하지도 않니?

(4) 고은이가 다가가자 윤수의 얼굴이 빨게졌다.

(5) 우체국 뒷편에 경찰서가 있다.

(6) 아버지께서는 트럭에 과일을 실고 다니며 장사를 하신다.

9 같은 모양, 다른 뜻

다음 문장을 보고, 괄호 안에 공통으로 들어갈 낱말을 빈칸에 쓰세요.

(1)

ㅈ	ㅅ

① 사람들 앞에서 노래를 하려니 (   )이 없어진다.

  * 어떤 일을 해낼 수 있거나 꼭 그렇게 된다는 믿음.

② 흔히 '마라톤은 (   )과의 싸움'이라고 한다.

  * 그 사람의 몸 또는 바로 그 사람을 이르는 말.

(2)

ㅅ	ㅎ

① 밥을 급하게 먹었더니 (   )가 안 된다.

  * 영양분을 흡수하기 쉬운 형태로 먹은 음식물을 변화시키는 일.

② 소방관이 온 지 30분 만에 (   ) 작업을 끝냈다.

  * 불을 끄는 것.

(3)

무	ㅈ

① 갑자기 (   )가 생겨서 약속을 지키지 못했다.

  * 해결하기 어려운 일.

② 이 (   )는 너무 어려워서 못 풀겠다.

  * 답을 요구하는 물음.

(4)

거	러

① 친구들에게 장난을 치다가 선생님께 (   ) 혼났다.

  * 하던 일(주로 옳지 않은 일)을 도중에 들켜.

② 정연이가 민지의 발에 (   ) 넘어졌다.

  * 걷거나 뛰는 다리나 발이 방해를 받아.

10 무슨 뜻일까요?

밑줄 친 낱말의 알맞은 뜻을 찾아 번호를 쓰세요.

(1) 횡단보도에서는 초록불이 들어왔을 때에 건너는 것이 <u>원칙</u>이다.　　　（　　）

　　① 기본적인 규칙이나 법칙.

　　② 국가나 사회에 살고 있는 사람들이 지켜야 하는 질서.

(2) 약은 <u>미지근한</u> 물로 먹어야 좋다.　　　（　　）

　　① 아주 뜨거운.

　　② 더운 기운이 조금 있는 듯한.

(3) 준영이는 나와 <u>통하는</u> 친구다.　　　（　　）

　　① 서로 이해가 잘되는.

　　② 가끔 전화 통화를 하는.

(4) 자전거는 사람의 힘을 <u>동력</u>으로 사용한다.　　　（　　）

　　① 기계를 움직이는 힘.

　　② 기계를 멈추는 힘.

(5) 서현이는 사람들 앞에 서면 표정이 <u>굳는다</u>.　　　（　　）

　　① 밝아진다.

　　② 부드럽지 못하고 딱딱해진다.

11 원고지 쓰기

줄임표는 원고지 한 칸에 세 개씩, 총 여섯 개를 씁니다.

	친	구	들	이		놀	리	면	
어	쩌	지	…	….					

괄호 안의 횟수에 맞게 띄어서 원고지에 옮겨 쓰세요.

(1) 이튿날아침에농부는밭에나가려고항아리안에…….(6)

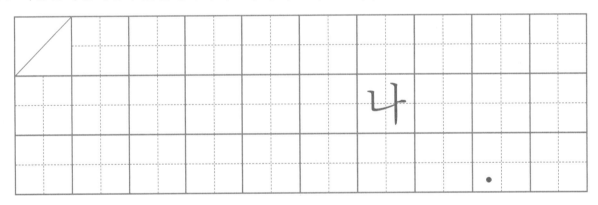

(2) 나혼자자전거를탈수있는기분이란뭐랄까…….(7)

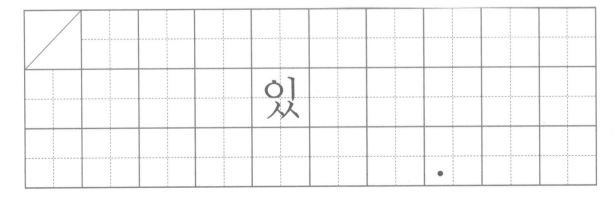

3차 개정판

어린이 훈민정음

정답과 해설

맞춤법　　발음

띄어쓰기

원고지 사용법

어휘력은 모든 학습의 뿌리

기초 문법

4-1

어린이 **훈민정음** 4-1

정답과 해설

본 교재는 어휘력 향상을 위해 만들었지만, 문장 하나하나도 학습에 도움이 되도록 정성을 기울였습니다. 그러므로 교재에 나오는 예시 문장을 자세히 살펴 문장 학습을 하는 데에 이용하시기 바랍니다.

본 교재는 어휘력은 물론, 맞춤법과 발음, 띄어쓰기, 기초 문법, 원고지 사용법 등의 내용을 함께 다루고 있습니다.

1 생각과 느낌을 나누어요 7쪽

1. (1) 곳간
   (2) 뒤주
   (3) 우물둔덕
   (4) 쌀가마니

2. (1) 투표
   (2) 인권
   (3) 자유
   (4) 평등
   (5) 약자
   (6) 참여

3. (1) 연세
   (2) 틀니
   (3) 경로당
   (4) 치매
   (5) 보청기
   (6) 정년퇴직

4. (1) 가훈
   (2) 근방
   (3) 헐값
   (4) 사랑채
   (5) 안채
   (6) 장사치
   (7) 거짓부렁
   (8) 도랑
   (9) 함박
   (10) 미행
   (11) 무례

5. (1) 뺨
   (2) 끼
   (3) 채
   (4) 줌
   (5) 석
   (6) 리

6. (1) 빠끔
   (2) 새근새근
   (3) 칭칭
   (4) 뉘엿뉘엿
   (5) 빙그레

7. (1) ①
   (2) ②
   (3) ②
   (4) ①

(5) ①

(6) ①

(7) ②

(8) ②

(9) ①

(10) ②

(11) ②

 해 설

오답 풀이입니다.

(5) ② 차근하게

(6) ② 다독였다

(11) ① 비밀리에

8. (1) 이

(2) 발

(3) 뿔

(4) 분수

9. (1) 훑어보니

(2) 꿇어앉아

(3) 으스대었다

(4) 설레었다

(5) 갈게

(6) 일어날걸

 해 설

(5) '-ㄹ게'는 약속이나 의지를 나타내는 말입니다.

(6) '-ㄹ걸'은 뉘우침이나 아쉬움을 나타내는 말입니다.
읽을 때에는 [-ㄹ께], [-ㄹ껄]로 소리 나지만 원래
모습을 밝혀 적습니다.

2 내용을 간추려요   18쪽

1. (1) 삿갓

(2) 갓

(3) 도롱이

(4) 담뱃대

2. (1) 성대

(2) 위협

(3) 부레

(4) 높낮이

(5) 발음근

(6) 발음막

3. (1) 수축

(2) 일교차

(3) 자원

(4) 우비

(5) 망토

(6) 대오리

(7) 갖바치

(8) 사연

(9) 대청마루

(10) 곤지

(11) 선녀

4. (1) 버럭버럭

(2) 성큼성큼

(3) 저벅저벅

(4) 절뚝절뚝

(5) 부글부글

5. (1) 꽂개

(2) 가전제품

(3) 효율

(4) 조명

(5) 냉방기, 난방

6. (1) 수혜

(2) 운혜

(3) 꽃신

(4) 발막신

(5) 당혜

(6) 태사혜

(7) 코

(8) 징

(9) 배악비

(10) 울타리

7. (1) 중요한

(2) 묶으셨다

(3) 관심

(4) 자랑스럽다

(5) 재주

8. (1) ①

(2) ②

(3) ①

(4) ①

(5) ①

해 설

오답 풀이입니다.

(2) ① 교환할

9. (1)

	작	년	에	는		이	맘	때	쯤
에		첫	눈	이		내	렸	지	.

(2)

	우	리	는		별	수		없	이	V
그	다	음		날		떠	날		수	
밖	에		없	었	다	.				

(3)

	소	년	은		눈	밭		위	에	V
맨	발	로		선		채		오	들	
오	들		떨	고		있	었	다	.	

해 설

(1) '이맘때'는 한 낱말이므로 붙여 씁니다.

(2) '그다음'은 '그것에 뒤이어 오는 때나 자리'를 뜻하는 낱말로, 붙여 씁니다.

예) 작년 어린이날에는 놀이공원에 갔었다. 그다음 날에는 집에서 쉬었다.

'다음날'은 '정하여지지 않은 미래의 어떤 날'이라는 뜻으로 쓰입니다.

따라서 여기에서는 떠나기로 한 날(정해진 날)의 다음 날에 떠난다는 문장이므로 '그다음V날'로 씁니다.

3 느낌을 살려 말해요   29쪽

1. (1) 지중해

(2) 아시아

(3) 아프리카

(4) 남아메리카

해 설

(3) 지도상으로는 북아메리카 대륙이 두 번째로 큰 대륙으로 보이지만 사실은 아프리카가 두 번째로 큽니다. 구 모양의 지구를, 적도를 중심으로 하여 평면으로 나타낸 지도이다 보니 북아메리카가 더 커 보입니다.

2. (1) 곡식

(2) 괭이

(3) 쟁기

(4) 농경

(5) 수확

3. (1) 태양열

(2) 태양광

(3) 전차

(4) 전지

(5) 전력

(6) 손실

4.(1) 콘크리트

(2) 퍼센트

(3) 유로

(4) 킬로와트

(5) 플라스틱

5.(1) 화폐

(2) 동전

(3) 소전

(4) 지폐

(5) 낙면

6.(1) 소감

(2) 채집

(3) 불과하다

(4) 거래

(5) 물물교환

(6) 유목민

(7) 방적

(8) 생태

(9) 자치

(10) 철수

(11) 방심

7.(1) 우승

(2) 승리

(3) 공동

(4) 공공

(5) 제조

(6) 위조

8.(1) 구릿빛

(2) 애개

(3) 조개껍데기

(4) 꿰면

(5) 아예

(6) 헛디뎌

9.(1) ①

(2) ①

(3) ②

(4) ②

(5) ①

해설

오답 풀이입니다.

(1) ② 그럭저럭

(2) ② 인상할지

(3) ① 부패

(4) ① 과장해서

(5) ② 생기 있다

10.(1)

/	먹	을		것	이		없	어	서	V
밥	을		못		먹	었	다	.		

(2)

/	나	를		도	와	줄		수	
있	겠	니	?						

(3)

/	나	는		밥	을		할		줄
을		모	른	다	.				

4 일에 대한 의견   40쪽

1.(1) 간의

(2) 혼천의

(3) 자격루

(4) 앙부일구

2. (1) 색감

(2) 대비

(3) 구도

(4) 묘사

(5) 폭

3. (1) 박물관

(2) 날갯짓

(3) 기사

(4) 편집

(5) 병풍

(6) 야생

(7) 증거

(8) 전시

(9) 상징

(10) 화목

(11) 처마

4. (1) 생각

(2) 글자

(3) 우주

(4) 생물

(5) 아랫부분

5. (1) 조상

(2) 텃새

(3) 곡선

(4) 한가운데

(5) 묵직하다

6. (1) ②

(2) ①

(3) ②

(4) ①

(5) ②

해설

오답 풀이입니다.
(1) ① 항상
(2) ② 치우셨다
(4) ② 푸근해

7. (1) 표면

(2) 생동감

(3) 화산섬

(4) 내딛는

(5) 타원형

(6) 산기슭

8. (1) 방위

(2) 손재주

(3) 관가

(4) 다짐

(5) 재능

9. (1) 실라

(2) 할라산

(3) 훌련

(4) 등산노

(5) 횡단노

(6) 의견난, 물랄리

10. (1)

| | 형 | 은 | | 새 | 벽 | 부 | 터 | | 늦 |
| 은 | | 밤 | 까 | 지 | | 공 | 부 | 했 | 다. |

(2)

	고	양	이	는		한	꺼	번	에	∨
두		마	리		이	상		새	끼	
를		낳	는	다.						

(3)

	배	에		탄		지		한	참
을		지	나		우	리			땅
독	도	에			도	착	했	다	.

5 내가 만든 이야기   51쪽

1. (1) 관심
   (2) 의심
   (3) 양심
   (4) 명심

2. (1) 공항
   (2) 심통
   (3) 안도
   (4) 신음
   (5) 소매
   (6) 상상
   (7) 떼
   (8) 자루
   (9) 종례
   (10) 환호
   (11) 족자

3. (1) 선비
   (2) 우두머리
   (3) 고지기
   (4) 우주인
   (5) 만석꾼
   (6) 도사

4. (1) 마라톤
   (2) 완주
   (3) 출발선
   (4) 응원
   (5) 결승점

5. (1) ①
   (2) ②
   (3) ①
   (4) ②
   (5) ①

 해 설

오답 풀이입니다.
(1) ② 어지럽게
(3) ② 관망했다
(5) ② 덩그러니

6. (1) 향긋하다
   (2) 허름하다
   (3) 대견하다
   (4) 뻐근하다
   (5) 사정하다

7. (1) 꼭대기
   (2) 논
   (3) 기울어진
   (4) 부탁했다
   (5) 용기

8. (1) 왠지
   (2) 감쪽같이
   (3) 고작
   (4) 잔뜩
   (5) 감쪽같이
   (6) 잔뜩
   (7) 왠지
   (8) 고작

9. (1) 모레
   (2) 엿보았다
   (3) 제삿날
   (4) 굶주린
   (5) 무르팍
   (6) 고깃국

10.(1) 네가∨아는∨대로∨말해∨봐!

(2) 서로∨얼굴만∨쳐다볼∨뿐∨아무∨말도∨
못∨했다.

(3) 나도∨어머니만큼∨요리를∨잘하고∨싶다.

(4) 우리∨가족은∨부모님과∨나∨셋뿐이다.

(5) 우리가∨노력한∨만큼∨결과가∨있을∨거야.

(6) 책은∨책대로∨연필은∨연필대로∨가지런
히∨놓았다.

 해 설

(1) '말해 봐'는 '말해봐'처럼 붙여 쓸 수 있습니다.
하지만 여기서는 띄어쓰기 횟수에 맞추어 '말해∨봐'로
씁니다.
(3) '잘하고'는 한 낱말이므로 붙여 씁니다.
(5) '있을 거야'에서, '거'는 '것'을 구어적으로 쓰는
표현입니다. '거/것'은 의존 명사이므로 앞말과 띄어
씁니다.

6 회의를 해요 62쪽

1.(1) 다달이
(2) 강력히
(3) 일일이
(4) 나직이
(5) 마땅히

2.(1) ①
(2) ②
(3) ①
(4) ①
(5) ②

 해 설

오답 풀이입니다.
(1) ② 허용하고
(4) ② 의심했다
(5) ① 강조

3.(1) 개회
(2) 선정
(3) 의견
(4) 표결
(5) 결과
(6) 폐회

4.(1) 별명
(2) 본명
(3) 합주
(4) 독주
(5) 기록자
(6) 참여자
(7) 개교
(8) 전교
(9) 예방
(10) 예상
(11) 탐방
(12) 탐험

5.(1) 회의
(2) 진행
(3) 제안
(4) 규칙
(5) 벌점
(6) 기악
(7) 절차
(8) 채택
(9) 요약
(10) 토의
(11) 실천

6.(1) 자미
(2) 마글
(3) 마나서
(4) 내려노아라
(5) 저저서, 조왇따

7. (1)

/	세	계	의		인	구	는		70
억		명	이		넘	는	다	.	

(2)

/	코	끼	리	는		몸	무	게	가	∨
40	00	kg	이	나		나	간	다	.	

8.

		⁽¹⁾보	건		
⁽²⁾길	거	리		⁽⁷⁾심	
잡			⁽⁶⁾빈	부	
⁽³⁾이	슬	⁽⁴⁾비		름	
		⁽⁵⁾명	줄		

7 사전은 내 친구   73쪽

1. (1) ③ 음식
   (2) ⑤ 꽃
   (3) ① 움직이다
   (4) ③ 사전
   (5) ② 동물

2. (1) (ㅈ) → (ㅣ) → (ㅂ)
   (2) (ㅎ) → (ㅏ) → (ㄱ) → (ㄱ) → (ㅛ)
   (3) (ㄷ) → (ㄴ) → (ㅅ) → (ㅓ) → (ㄱ)
       → (ㅘ) → (ㄴ)
   (4) (차) → (차례) → (책) → (충신) → (친구)
       → (친척)
   (5) (기러기) → (노을) → (눈물) → (도둑)
       → (토끼) → (포도)

3. (1) 자다
   (2) 읽다
   (3) 없다
   (4) 밟다
   (5) (높다) → (부럽다) → (없다) → (읽다)
       → (자다)

4. (1) 봉사
   (2) 속담
   (3) 흠씬
   (4) 이기심
   (5) 전시
   (6) 광장
   (7) 냉대
   (8) 향신료
   (9) 일석이조
   (10) 종지
   (11) 멸종

5. (1) ①
   (2) ②
   (3) ①
   (4) ①
   (5) ①
   (6) ①
   (7) ②
   (8) ②
   (9) ①
   (10) ①
   (11) ①

해설

오답 풀이입니다.
(3) ② 퇴적
(4) ② 액화
(8) ① 푸짐한
(10) ② 극

6. (1) 낮은
   (2) 평등
   (3) 타향

(4) 기쁨

(5) 이룩

7. (1) 햇볕

(2) 햇빛

(3) 메고

(4) 매었다

(5) 잃어

(6) 잊어

8. (1) 소복이

(2) 흐뭇한

(3) 태양계

(4) 숱한

(5) 엄연히

(6) 궤도

8 이런 제안 어때요   85쪽

1. (1) 설명

(2) 설득

(3) 연설

(4) 전설

2. (1) 지팡이

(2) 우물

(3) 모금

(4) 과속

(5) 붕대

(6) 추세

(7) 지식

(8) 강조

(9) 리터

(10) 공익

(11) 정수기

3. (1) ① 문제 상황

② 제안하는 내용

③ 제안하는 까닭

(2) 가끔

4. (1) 이것은 / 연필이다. ④

(2) 누나가 / 잔다. ①

(3) 꽃이 / 예쁘다. ③

(4) 동민이가 / 노래를 부른다. ②

(5) 저 나무는 / 크다. ③

(6) 제비 한 마리가 / 날아간다. ①

 해 설

주어부와 서술부를 나누는 문제입니다.

(4) '노래를 부른다'가 서술부입니다.

(5) '저 나무는'이 주어부입니다.

(6) '제비 한 마리가'가 주어부입니다.

5. (1) 곰곰이

(2) 쓰레기

(3) 않으면

(4) 푸르다

(5) 붙였다

(6) 며칠

6. (1) 딴생각

(2) 딴전

(3) 울상

(4) 밉상

(5) 고물

(6) 철물

7. (1) ①

(2) ①

(3) ②

(4) ②

(5) ②

오답 풀이입니다.
(1) ② 봉사

8. (1) 더러워지는
   (2) 아껴
   (3) 글
   (4) 단지
   (5) 마련

9. (1) 벌
   (2) 약
   (3) 포기
   (4) 훈장

10. (1) 날씨가∨따뜻해졌습니다.
    (2) 하늘에∨무지개가∨떴습니다.
    (3) 우리∨모두∨운동을∨합시다.
    (4) 누구나∨건강을∨지킬∨수∨있습니다.
    (5) 물은∨사람이∨살아가는∨데∨매우∨중요
        합니다.
    (6)

	지	난	주	에		나	는		동
생	과		함	께		집		앞	
꽃	밭	에		꽃	을		심	었	다.

11.

(1)낭	(2)송		(3)지	(4)도
	아			우
	(5)지	(6)느	리	미
		림		
		(7)보	슬	비

9 자랑스러운 한글   97쪽

1. (1) 태양
   (2) 태극기
   (3) 태평양
   (4) 태자

2. (1) 어의
   (2) 만물
   (3) 획
   (4) 과거
   (5) 두루
   (6) 의상실
   (7) 간판
   (8) 문자
   (9) 암각화
   (10) 제구실
   (11) 억울한

3. (1) 신하
   (2) 임금
   (3) 마음
   (4) 글
   (5) ㅋ
   (6) ㅃ
   (7) 처음
   (8) 부모
   (9) 글씨
   (10) 말소리
   (11) 옷

4. (1) 큰집
   (2) 큰 집
   (3) 큰 소리
   (4) 큰소리
   (5) 가르쳤다
   (6) 가리켰다
   (7) ①

(8) ①

(9) 음소

(10) 음성

(11) 음절

5. (1) 철퍼덕

(2) 워낙

(3) 묵묵히

(4) 곰곰이

(5) 영영

6. (1) 구체적으로

(2) 부쳤다

(3) 떼

(4) 체계적으로

(5) 읊으려무나

(6) 열여덟

7. (1) 긍지

(2) 덕택

(3) 쉽다

(4) 무관심

(5) 졸업

8. (1)

/	주	시	경	은	18 76 년
12	월	22	일	**황**	해 도
봉	산	에	서	태	어 났 다 .

(2)

/	18 94	년	열 아 홉	살
이	된	**주**	시 경 은	배
재	학	당	에 갔	다 .

(3)

/	세	종 은	오 랜	시 간 ∨
묵	묵 히	연 구	했 다 .	

(4)

/	이	지 구 상 에 는	매	
우	많 은	언 어 가	존	
재	한 다 .			

(5)

/	한 글 은	컴 퓨 터 나		
휴	대	전 화	**등**	기 계
화	에	적 합 한	문 자	**다.**

(6)

/	세 종 은	새	문 자 를	∨
만	드 는	일 을	**비** 밀 에	∨
부	쳤 다 .			

10 인물의 마음을 알아봐요 109쪽

1. (1) 거미

(2) 도롱뇽

(3) 사마귀

(4) 장수풍뎅이

2. (1) 용궁

(2) 마루

(3) 열차

(4) 실감

(5) 항아리

(6) 말풍선

(7) 망신

(8) 귀지

(9) 신호

(10) 마법

(11) 과장

3. (1) 모둠원

(2) 공무원

(3) 탐험대

(4) 구조대

4.(1) 체

(2) 소화제

(3) 유통 기한

(4) 설명서

(5) 중독

(6) 응급 처치

5.(1) 꿈

(2) 춤

(3) 삶

(4) 그림

(5) 싸움

(6) 느낌

(7) 조림

(8) 모임

6.(1) 재미있겠다

(2) 것이

(3) 무엇을

(4) 어떻게 해

7.(1)

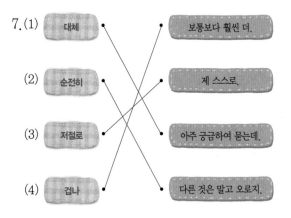

(5) 겁나

(6) 대체

(7) 저절로

(8) 순전히

 해 설

'겁나'는 전라도 사투리입니다.

8.(1) 이튿날

(2) 매달아

(3) 창피하지도

(4) 빨개졌다

(5) 뒤편

(6) 신고

9.(1) 자신

(2) 소화

(3) 문제

(4) 걸려

10.(1) ①

(2) ②

(3) ①

(4) ①

(5) ②

 해 설

오답 풀이입니다.
(1) ② 공공질서

11.(1)

/	이	튿	날		아	침	에		농
부	는		밭	에		나	가	려	고 ∨
항	아	리		안	에	…	…	.	

(2)

/	나		혼	자		자	전	거	를 ∨
탈		수		있	는		기	분	이
란		뭐	랄	까	…	…	.		

해설

줄임표는 다양한 방식으로 나타낼 수 있습니다. 기존에는 가운데에 점 여섯 개를 찍는 것만 인정했지만 2015년에 한글 맞춤법이 일부 개정되어 가운데에 점을 세 개 찍는 것도 가능해졌습니다.

예) 내가 너에게 지다니……(ㅇ)
　　내가 너에게 지다니…(ㅇ)

또 아래에 여섯 개, 또 세 개를 찍는 것도 가능합니다. 하지만 이때에도 마침표는 꼭 찍어야 합니다.

예) 저기...... 나...... 할 말이 있어.(ㅇ)
　　저기... 나... 할 말이 있어.(ㅇ)
　　이럴 수가.......(마침표까지 총 7개)
　　이럴 수가....(마침표까지 총 4개)

MEMO

시서례 초등 학습서

 어린이 훈민정음

- 교과서 중심의 어휘력 교재.
- 다양한 형식의 문제를 풀면서 쉽고 재미있게
  어휘력을 키울 수 있습니다.
  학년별2권 총12권

 초등국어 독해력 비타민

- 다양한 장르와 소재에 적응하게 해주는 독해력 교재.
- 동화, 설명문, 논설문, 시, 기사문 등 여러 형식과 문학, 과학,
  역사, 사회, 철학 등 다양한 내용의 예문으로
  폭넓은 독해력을 갖게 해줍니다.
  단계별1권 총6권

나의 생각 글쓰기

- 기초 문장력부터 바로잡아 주는 갈래별 글쓰기 교재.
- 일기, 생활문, 독후감, 논설문, 설명문 등을 학년에 맞게
  구성하였습니다.
  학년별2권 총12권